너는 왜 그렇게 푸니?

〈일러두기〉

1. 내용 전달과 계산의 편의를 위해 엔－원을 환산하지 않고 그대로 표기했습니다.

2. 내용의 정확한 전달을 위해 아이의 나이와 학년은 원서를 충실히 따랐습니다.
   이에 교과 과정이 국내 사정과 일부 다를 수 있습니다.

3. 인명, 지명, 학교명 등은 외래어표기법을 따르되 널리 사용되고 있는 표기가 있는 경우
   그 표기를 따랐습니다.

4. 숫자는 계산이 필요한 경우 대화체여도 기수로 표현했습니다.

5. '편집자 주'로 표기한 것 외의 주석은 모두 역자 주입니다.

KODOMO NO SANSU, NANDE SO NARU?

by Takashi Taniguchi

ⓒ 2021 by Takashi Taniguchi

Illustration copyright ⓒ 2021 by Tadashi Tokieda

Originally published in 2021 by Iwanami Shoten, Publishers, Tokyo.

This Korean edition published 2021

by DongYangbooks CO., LTD, Seoul

by arrangement with Iwanami Shoten, Publishers, Tokyo through Danny Hong Agency, Seoul.

너는 왜 그렇게 푸니?

다니구치 다카시 지음 ㅣ 최현주 옮김

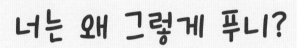

📖동양북스

여러분은 자녀가 틀리는 수학 문제에 대해 왜 틀렸는지 생각해 본 적이 있습니까? 저는 대학의 수학과 교수로, 소위 말하는 수학자입니다. 아이가 세 살 될 무렵부터 아이와 함께 수학 문제를 푸는 과정을 즐기게 되었습니다.

아이가 수학 문제를 고민하면서 풀고 있는데 제가 생각한 것과 전혀 다를 때는 답답할 때가 있습니다. 엉뚱하게 문제를 풀기도 하고 오류도 자주 생깁니다. 그러나 아이가 문제를 풀고 있는 모습을 자세히 들여다보면 아이의 발상이 의외로 깊이가 있다는 생각이 듭니다. 틀렸을 때도 왜 그런 오답이 나올까 여러모로 궁리를 해 보면 결국에는 의미가 생깁니다. 아이들은 아이들 나름대로 논리정연하게 생각하고 있음을 깨닫기도 합니다.

수학뿐만 아니라 아이의 말과 행동은 언뜻 볼 때 의미가 명확하지 않지만 잘 들어 보면 아이 나름대로 일관된 생각이나 이유가 있습니다. 아이를 키우고 계신 분이라면 누구든 '아, 그런 생각을 하고 있었구나'라고 놀라면서 이해했던 경험이 있으실 겁니다. 수학에서는 그것이 어떻게 나타날까요?

아이가 시계를 읽기 시작한 지 얼마 안 됐을 때입니다. 11시 1분 전이 언제인지 알고 있는지 궁금해서 물어봤는데 아이는 잠시 생각한 뒤 10시 69분이라고 대답했습니다. 이런 답을 들었을 때 여러분은 어떤 생각을 하십니까?

저는 '69분이란 시간은 없지!'라고 생각했지만 아이가 잠시 생각을 한 후 말한 답이었다는 것을 기억하고 마음을 고쳐 아이의 머릿속에서 무슨 일이 일어난 것일지 상상해 봤습니다. 그랬더니 지금이 아이에게는 그것이 꽤 어려운 문제였기 때문에 아이 나름대로 머리를 쓴 것이란 사실을 짐작할 수 있었습니다. 뭘 어떻게 생각하면 10시 69분이라는 답이 나오는 것인가에 대해서는 괜찮다면 잠시 미뤄 둡시다. 이 일화는 Part 6에서 이야기하겠습니다.

　우선은 우리 아이가 좀 더 어렸을 때 맞닥뜨렸던, 따로 소중히 간직해 온 문제를 좀 더 보여드리겠습니다.

- 23 다음은 24일까? 42일까?
- 30 × 5는 몇일까?
- 반의 반은 $\frac{1}{4}$일까? 아니면 $\frac{1}{3}$일까?

이렇게 쓰고 있는 저조차도 '도대체 이게 뭐가 문제야?'하고 생각하게 됩니다. 하지만 이 시기의 우리 아이에게는 꽤 어려운 문제였고 여기에서 많은 것을 배웠습니다.

　이 책에서는 이렇게 '단순하면서 쉬운' 수학 문제에 대해 아이들이 이런저런 생각에 잠기거나 잘못된 답을 내놓는 상황을 다루면서 수학자에게는 이것이 어떻게 보이는지 표현하고자 했습니다. 위의 3가지 문제에 대해서는 이 책에서 각각 Part 6, Part 8, Part 9에서 다루었습니다. 수학 내용을 총망라하는 것은 아니지만 매일 일어나는 일 중에서 제가 특별히 흥미롭다고 느끼는 것을 골라 성의를 가지고 자세하게 설명해 보았습니다. Part 4에서는 제 어린 시절의 일화도 이야기합니다.

　Part 7에서는 하고 싶은 이야기 방향을 조금 바꾸어서 '곱셈의 순서 문제'라고 불리는, 때때로 논의를 불러일으킬 수 있는 수학 주제를 생각해 보았습니다. 이것을 다루게 된 이유는 아이를 보면서 곱셈 개념의 깊이나 넓은 범주에 대해서 많은 것을 느꼈기 때문입니다. 이 책 맺음말에서는 '오류'가 배움에서 어떤 역할을 하는지에 대해 다시 생각해 보겠습니다.

많은 개인적인 경험을 적고 있지만, 전체적으로는 문제를 틀린 아이의 사고가 일정 부분 맞거나 그렇게 생각할 수도 있다는 것과 단순하고 평이해 보이는 수학이 가진 의외의 심오함을 그려내려고 시도했습니다.

아이가 생각하고 있는 것을 알면 대하는 방법도 바뀝니다. 자녀를 대하는 데 있어서 무언가 힌트가 되거나 수학의 기초적인 개념을 재검토하는 데 작게나마 도움이 될 수 있었으면 합니다. 각 이야기의 내용은 독립되어 있기에 어디부터 읽든 상관없습니다.

그럼 신기하고 매력적인 아이들의 수학 세계로 출발합시다!

목 차

PART

1

수학 난센스 퀴즈

수학 난센스 퀴즈 놀이

초등학교 1학년이 된 아이가 10월쯤, 수학 난센스 퀴즈 놀이를 시작했다. 집에서 "아빠, 1 + 1은? 그런데 이건 난센스 문제야!"라면서 묻는다. 이 경우 답은 2가 아닌 11이 정답이었다.

문제 풀이의 원리를 알아냈지만 그만두지 않고 몇 번이나 반복해서 연습하는 것 같다. 2 + 1이면 21, 1 + 4 + 2면 142와 같이 비슷한 문제가 계속 나온다. 또, 이 수학 난센스 문제는 규칙이 엄격해서 정답은 하나밖에 없다. 계속된 반복에 싫증이 날 무렵 시험 삼아 1 + 1에 101이라 대꾸했더니 그건 틀렸다고 똑부러지게 말하고, 2 + 1을 12라고 대답했더니 이것도 명확하게 틀렸다고 하는 걸 보니 정답은 21 외에는 있을 수 없는 것 같다. 물론 출제하는 쪽은 그것이 수학 난센스 문제인지 아닌지를 명확히 밝혀야 하며, 수학 난센스 문제가 아닌 경우는 당연히 1 + 1을 2라고 대답해야만 한다. 나는 아이의 이 엄격함에 흥미를 느꼈다. 학교에서 이런 퀴즈가 유행하고 있는 것 같고 이 규칙 그대로 친구들과의 놀이에 재미를 붙이고 있는 모습을 볼 수 있었다. 아무래도 이 놀이에 학문적으로 중요한 의의가 있을 것 같다고 생각한 것은 처음으로 아이에게 질문을 받고 나서 2개월 정도 지난 어느 날의 일이다.

신기한 역할 놀이

잠시 이 이야기가 시작된 배경을 들어주었으면 좋겠다. 네 살 혹은 다섯 살 무렵이 되었을 때, 딸아이는 역할 놀이를 좋아해서 나는 자주 상대역을 했다. 매번 여러 가지 설정으로 진행되었는데 나와 아이는 동물 형제나 친한 친구가 되기도 하고 내가 엄마, 아이가 부모의 역할을 하기도 했으며 자기가 공복에 과자를 달라고 조르는 아이 역할을 하기도 하는 등 다양한 설정이 있었다.

이른바 롤 플레이, 역할 연기이다. 그렇다고 자신이 공주가 되는 동화 같은 설정은 한 번도 없었고 생활 일부를 허구로 만든 것이 대부분이었다. 아이가 준비하는 세세한 설정에 따라 이야기하는 것은 사실은 꽤 귀찮았지만 이것이 딸아이가 가장 좋아하는 놀이였기 때문에 피할 방법이 없었다. 목욕할 때 등 시간이 있을 때는 가급적 상대역을 해 주었다.

그런 역할 놀이 중에 조금 특이한 상황이 있었다. 부모를 잃은 어린 아이가 조금 더 나이를 먹은 지인에게 같이 살기를 부탁하고 함께 생활을 시작하는 설정이었다. 딸은 부모 잃은 아이 역할, 나는 나이 먹은 지인 역할이었고 대화는 예를 들면 다음과 같이 이루어졌다.

"나, 아빠도 엄마도 돌아가셨어. 외톨이인데 우리 집에서 같이 살래?"

"그래, 아빠도 엄마도 없어?"

"응, 아빠도 엄마도 병으로 돌아가셨어."

"참 안됐구나. 그럼 우리 같이 살자."

"고마워."

이 대화 이후로는 함께 잔다든가, 식사를 만든다든가, 뭔가 일상생활의 한 장면이 시작되는 흐름이다.

역할 놀이에서 다소 변화는 있었지만 부모를 잃은 아이와 조금 더 나이를 먹은 지인이라는 똑같은 이 설정은 상당한 기간 동안 지속되었다. 부모로서는 자녀에게 "아빠도 엄마도 죽었어"라는 말을 들으니 기분이 좀 묘했다. 그래서 "그런 슬픈 생각은 하지 않아도 돼. 아빠도 엄마도 건강하잖아"라고 말해 줄까 했는데, 이때 아이가 다니는 유치원 원장 선생님이 해 주신 말씀이 생각나서 그렇게 하는 것은 그만두기로 했다.

그 선생님 이름은 스미타니 토시키(炭谷俊樹)이며 오랜 세월에 걸쳐 폭넓게 인재 육성에 힘써온 탐구형 교육 전문가다. 사립학교 런넷글로벌스쿨 대표이며 현재는 고베정보대학교 대학원 학장도 맡고 있다. 그때 생각난 스미타니 선생님의 말씀은 "아이가 하는 행동, 생각하는 모든 것에는 다 이유가 있습니다"라는 한마디였다.

우리 아이의 비근한 예로는 밤 9시가 넘어서 아무리 말해도 이를 닦지 않아서 이유를 물었더니 배가 고팠다고 한다. 양치질을 하지 않은 채 시간이 지나고, 잠자리가 늦어져 빨리 이를 닦았으면 하는 것이 내 마음이었지만 아이는 배가 고파 잠을 잘 수 없었던 것 같다. 아이는 밥 한 공기에 맛가루(후리가케[1])를 뿌려 날름날름 먹어치우고 그 후 바로 양치질을 한 뒤 기분 좋게 잠자리에 들었다.

원래는 이를 닦느냐 마느냐로 실랑이를 벌이느라 이야기가 되지 않을 지경이었는데 그 고집의 정도가 평소와는 달라 물어보았더니 앞에서 이야기한 상황이었고, 덕분에 바로 해결책을 찾았다. 일상생활에서 아이들과 부딪치는 일이 적지 않지만 스미타니 선생님이 하신 말씀을 기억하면 긍정적인 방향으로 해결되는 경우가 있기 때문에 이 얘기는 내가 아이를 대하는 지침이 되기도 했다.

하지만 왜 부모님을 잃은 상황 등의 역할 놀이가 필요했을까? 아이들 주변에 이런 상황을 말해줄 사람이 있다고는 도무지 생각할 수 없었다. 어느 시기에 스스로 생각해 낸 것이 틀림없다. 여러 번 반복하니 변덕은 아닐 것이다. 그런 이야기를 꺼내서 부모가 어떤 반응

---

[1] 김과 참깨, 가쓰오부시와 소금, 그 외 기타 등등의 조미료를 혼합해 놓은 가루이며 밥 위에 뿌려서 먹는다. 우리나라 순화어로 맛가루라고 한다.

일지 보고 싶은 것도 아닌 것 같고, 그렇다고 갑자기 마음의 문제를 안고 있는 것 같은 기색도 없었다.

그러나 아이의 상태를 살펴볼 때마다 아이에게는 그런 역할 놀이가 뭔가 의미 있어 보였고 그것을 존중하는 게 좋을 것 같은 느낌이 들었다. 아이가 하는 행동, 생각하는 모든 것에는 이유가 있다는 말은 과연 이 경우에도 해당되는 것일까. 오랫동안 이유가 수수께끼였는데 어느 날 문득 유아 심리를 해설한 책에서 왠지 비슷한 이야기를 읽은 것이 생각났다.

그 책에서 죽은 오리 흉내를 내는 아이에 대해 생각하는 부분이 있었다. 아이는 소파에 누워 다리를 구부리고 몸 옆에 바싹 손을 댄 채 가만히 죽은 오리 흉내를 낸다. 이런 식의 놀이는 정서적인 보상과 소망 충족, 그리고 갈등 해결에 도움이 된다고 했다.

무서운 장면이나 현실에서는 일어날 수 없는 일들을 놀이 속에서 해 봄으로써 두려움을 중화시키고 나름대로 수용할 수 있게 되는 효과가 생긴다. 어린아이에게 죽은 오리 흉내는 죽음을 받아들이는 과정이다.

요즘 딸아이는 마침 주위에 많은 생명이 있고 그 생명에는 죽음이 따른다는 것을 발견하는 나날을 보내고 있었다. 주변에 다양한 곤충이 있다. 애벌레는 풀과 나무의 잎을 먹고 새가 그 애벌레를 먹는다. 매미가 시끄럽게 울고, 한편에는 죽은 매미가 길가에 떨어져 있고, 그곳으로 개미가 모이기도 한다. 피를 빠는 모기를 때려서 잡는다. 식탁에 물고기 한 마리가 통째로 올라온다. 화분에 심은 꽃은 물과 태양빛으로 나날이 성장하며 물을 주지 않으면 시든다. 부모에게도 부모가 있고 그게 조부모이고, 조부모 또한 부모가 있다는 것을 이해하지만 내 딸아이의 경우 증조부도 증조모도 이제 세상에 돌아오지 않는 사람임을 안다.

그러면 딸 자신도 그리고 부모인 우리도 생명을 갖고 있으며 죽을 수 있는 존재라는 것으로 어떻게든 귀결될 수밖에 없다는 사실도 알게 된다. 설령 지금은 건강해 보여도 높은 곳에서 떨어지거나 차에 제대로 치이면 어른도 죽을 수 있다는 것은 아이도 상상할 수 있다. 아이의 생활은 정신적으로도 물질적으로도 보호자에게 강하게 의지하고 있기에 보호자를 잃는 것은 아이에게 큰 위기이다.

부모가 죽을 수 있는 존재라는, 심각하지만 바꿀 수 없는 사실을 어떻게 수용할 것인가. 아마추어가 심리학적인 이야기를 하고 있으니 민망하긴 하지만 내 딸은 아마도 그것을 시간 들여 단계적으로 받아들여 가는 과정으로 '부모를 잃은 아이의 일상'이라는 역할놀이를 했던 것이 틀림없다고 지금은 생각하고 있다.

이 같은 설정의 역할놀이는 상당 기간 정도 오래 계속되다가 마침내 빈도가 줄고, 어느새 하지 않게 되었다. 아마도 가루약을 복약용지(oblate)[2]에 싸듯이 두려움을 역할놀이에 싸서 중화시킨 뒤 마음에 받아들였을 것이다.

아이가 어떤 것에 영감을 받아 이 역할놀이를 생각해 냈는지 알 수 없으나 나는 이 착상을 통해 인간의 정신에 내재된 지혜의 유연한 기능을 강하게 느낄 수 있었다.

---

[2] 녹말과 한천으로 만든 원형의 얇은 조각으로, 독한 냄새와 쓴맛 또는 색소를 함유하는 약제를 이 안에 싸서 물과 함께 마시면 쉽게 복용할 수 있다.

수학 난센스 퀴즈 속으로

수학에서 꽤 동떨어진 이야기까지 나왔는데, 이쯤에서 '수학 난센스 퀴즈' 이야기로 돌아가 보자. 어떤 날 나는 문득 이 수학 난센스 퀴즈 놀이에도 유사한 작용 원리나 구조가 있는 것은 아닐까 하는 생각에 이르렀다.

좀 전에 부모님을 잃는 설정의 역할놀이와 달리 정서적인 것이라기보다는 인지적인 것이지만, 이는 자릿수 표현법이나 십진법을 받아들이고 이해하려는 정신의 작용에서 만들어진 놀이라고 지금은 생각하고 있다.

예를 들어 23이라는 수를 생각해 보자. 이것은 표기상 2와 3으로 이루어졌지만 2와 3의 합은 아니다. 그러면 23이란 뭘까?

23이라고 썼을 때 2를 생각해 보면 이건 20을 의미한다. 다시 말해 2는 10이 2개라는 뜻의 2이다. 표기 23이 나타내는 수는 10이 2개이고 1이 3개인 수이다. 식으로 쓴다면

$$23 = 10 \times 2 + 1 \times 3$$

$$= 10 + 10 + 1 + 1 + 1$$

이다. 이것이 자릿수 표현법으로 적은 23이라는 숫자의 의미이다. 어떤 교육법을 사용해도 유아들이 이 자릿수 표현법, 그리고 십진법을 이해하기는 무척 어려울 것 같다. 나도 딸에게 수학을 가르쳐 보면서 그 어려움을 절실하게 깨달았다.

23 다음이 24인지 42인지 몰라서 헷갈리던 것이 네 살 때였다. 다섯 살인가 여섯 살 때 100 단위를 가르치는 문제를 풀었다. 100, 200, 300, ……, 900, 1000까지는 쉽게 익혔으나 1000 다음에는 1100이 아니라 2000이라고 대답했다.

그대로 두고 계속 듣고 있으면 3000, 4000, ……, 9000, 10000으로 이어지고, 그 다음은 20000이 되었다. 일곱 살 때 '10을 45개 모은 수는 몇이죠?'라는 질문에 405라는 답을 썼고 "틀린 거 아냐?"라고 말해 줘도 한참 동안 자신이 어디를 어떻게 틀렸는지 알지 못했다.

좀 전에 23을 예로 들었으니 이번엔 231로 이야기해 보면 어떨

까? 이것은 100이 2개, 10이 3개, 1이 1개로, 식으로 쓰면

$$231 = 100 \times 2 + 10 \times 3 + 1 \times 1$$
$$= 100 + 100 + 10 + 10 + 10 + 1$$

이 된다. 23의 가장 오른쪽 자리에 1이 붙어서 231이 되면서 2와 3도 의미가 바뀐 셈이다. 생각해 보면 이것이 아주 어려운 규칙은 아니다. 비교해 보면 알 수 있지만 로마 숫자로는 2, 23, 231은 제각기

$$2 \quad \cdots \quad \text{II}$$
$$23 \quad \cdots \quad \text{XXIII}$$
$$231 \quad \cdots \quad \text{CCXXXI}$$

로 나타낸다. 로마 숫자 I, X, C가 나타내는 수는 그 위치와는 관계 없이 정해져 있는 것을 알 수 있다. 몇 가지 사물을 함께 표현하고 싶을 때, 우리는 보통 단어를 그대로 붙여 사용한다. 손과 발은 '손

발'로 풀[草, 풀 초]과 나무[木, 나무 목]는 '초목', 흑과 백은 '흑백', 혹은 계절을 나타낼 때 '춘하추동'이라고 쓰는 것처럼 로마 숫자 표기법은 이와 같다.

이와 다르게 231과 같은 아라비아 숫자의 자릿수 표기법은 간소하며 실용성과 발전성이 뛰어나지만 반대로 일종의 어려움을 갖고 있다. 자릿수 표현법은 기호 0, 1, 2, 3, 4, 5, 6, 7, 8, 9만으로 어떤 자연수라도 간단히 나타낼 수 있는 등의 높은 잠재력을 갖고 있는 대신 처음 이해해야 할 때의 장벽이 높다. 2와 23과 231에서 2가 뜻하는 것은 모두 다르다.

* * *

1+1이 11이 되는 수학 난센스 문제는 자릿수 표현법이 안고 있는 어려움에 초점을 맞추고 있다. 정규 과목 수학이나 일상생활에서 보게 되는 숫자 표기는 어린이의 원시적 직관과는 맞지 않는다. 그것을 받아들이고 이해하려는 정신의 작용이 이러한 난센스 문제 형

태로 나타난 것이 아닐까 한다.

옆에서 볼 때, 딸은 이것을 공부라고 생각하지 않는다. 하고 싶어졌을 때, 놀이로 재미있어하며 즐기고 있을 뿐이다. 정말 순수하게 아이들끼리 농담으로 이루어지는 것들이 많이 있을 것이다. 그래도 앞에서 말한 놀이와 마찬가지로 규칙은 나름 엄격해서 임의로 변경하는 것은 인정되지 않는다. 또 내용이 조금씩 어려워져 지금은 10＋1이 101이라든가, 10＋10이 1010이라든가, 어른이라도 한번은 숫자를 머릿속에 나열해 봐야지만 대답할 수 있는 문제가 나오기도 한다. 그러면 101＋10이면 어떨까 해서 물어봤는데 그건 지금도 잘 모르는 것 같았다.

과외 학습

아이에게 이 난센스 게임을 어디에서 배웠는지 물어봤더니 동급생 친구 A가 가르쳐 주었다고 했다.

A에게는 누나가 있다고 한다. 수학 난센스 문제는 처음에 손위 형제나 선배에서 시작하여 그 다음에 동급생끼리, 그리고 손아래 동생들에게로 아이들 사이에서 이어져 가는 것이다. 수없이 반복되는 수학 난센스 퀴즈 놀이는 사실 아무 쓸모없는 것처럼 보일 수 있다. 하지만 그 안에 있는 무의식 속 배움을 통해 어린이들은 십진법과 그 표기에 대한 깊은 직관을 키워간다.

오랫동안 우리 아이의 시행착오를 보아 온 나는 이제 십진법 등은 누구든지 알게 되는 것이니 간단한 것이라고 생각하지 않는다. 여기서 익힌 직관의 깊이가 그 후 학습을 뒷받침한다는 의미에서 이러한 '과외 학습'을 오히려 뺄 수 없을 정도로 중요하다고 생각한다. 수학 난센스 퀴즈는 우연히 내가 그 존재를 깨닫게 되었지만 아이는 이 밖에도 내가 모르는 많은 '아무 쓸모없는 과외 학습'을 하고 있을 것이 분명하다.

*　　*　　*

　그리고 이러한 학습을 정규 과목에 도입하여 시험으로 평가하는 것은 매우 곤란하다는 사실도 지적해 두고 싶다. 교실에서 선생님이 진지한 얼굴로 "그럼 지금부터 수학 난센스 퀴즈에 대해서 공부합시다"라고 말하거나, 숙제가 '수학 난센스 퀴즈를 10개 만들어 오는 것'이 되어 버리면 아이는 무엇이 정답인지 이해할 수 없어서 혼란스러워할 것이다. 누군가 하라고 해서 하는 것은 아무 소용이 없다. 또, 특별히 수학 난센스 퀴즈만이 자릿수 표현법의 이해를 돕는 방법도 아니다.

　수학 난센스 퀴즈를 하지 않으면 나쁘다는 의미도 전혀 아니다. 쉬는 시간에 수학 난센스 퀴즈를 얼마나 했는지 알림장에 적어 봤자 소용없다. 이 배움의 중요한 점은 평가 등과는 관계없이 아이가 재미있어서 자발적으로 하는 데에 있다. 세상에는 자발적으로 노력

하지 않으면 배울 수 없는 것이 많다. 일어설 수 있는 유아는 어른이 걸으라고 해서 걷는 법을 배우고 걸을 수 있게 된 것이 아니다. 걷고 싶은 충동을 내면에 갖고 있기에 누가 시키지 않아도 자기 의지로, 반복 연습을 통해, 본인의 힘으로 걸을 수 있게 되는 것이다.

1+1을 풀 때 실제 덧셈에서는 정답을 11이라고 하면 틀렸다는 것을 알지만 수학 난센스 퀴즈의 대답에서는 부분적인 타당성을 인정하고 있다. 그것이 십진법의 표기를 이해하는 자양분이 된다. 유연하고 힘찬 배움의 형태가 아닐까 생각한다.

PART 2

구구단표

화장실과 구구단표

1년간 집 화장실 문에 구구단표가 붙어 있던 적이 있다. 화장실에 앉으면 구구단표가 보인다.

구구단표

	1	2	3	4	5	6	7	8	9
1	1	2	3	4	5	6	7	8	9
2	2	4	6	8	10	12	14	16	18
3	3	6	9	12	15	18	21	24	27
4	4	8	12	16	20	24	28	32	36
5	5	10	15	20	25	30	35	40	45
6	6	12	18	24	30	36	42	48	54
7	7	14	21	28	35	42	49	56	63
8	8	16	24	32	40	48	56	64	72
9	9	18	27	36	45	54	63	72	81

화장실에 있는 것이 어른에게 있어서는 잠시 힘을 빼고 멍하니 다른 생각을 할 수 있는 시간이지만 어린 아이에게는 아마도 심심한 시간인 것 같다.

아이가 곱셈에 흥미가 있다고 해서 붙여놨더니 아무래도 잘 보는 것 같았다. 여기에 그려진 표는 답만 쓰여 있지만 화장실의 구구단표는 읽는 법도 쓰여 있어서 제법 심심한 경우(라고 말하면 화낼 것 같지만), 화장실에 갈 때마다 한 단씩 소리 내어 읽기도 한다. 재미있으면 하겠지 생각했는데 외울 때 구구단 박자 리듬이 확실히 괜찮아서 소리 내어 읽기에 그렇게 나쁘지 않을지도 모른다. 아이는 구구단표가 꽤 마음에 드는 눈치였다.

구구단표의 패턴

구구단표를 대충 볼 때는 단지 숫자의 나열로 보일 뿐이지만, 실제로는 여러 가지 패턴이 있다. 의식을 갖고 집중하지 않아도 왠지 모르게 마음이 쓰여서 몇 번이고 바라보고 있노라면 점점 보이는 것이 있다.

예를 들어 알기 쉬운 것으로, 5단의 패턴이 있다. 5단은

$$5, 10, 15, 20, 25, 30, 35, \cdots\cdots$$

으로 되어 있다. 물건의 개수를 알고 싶을 때 5개씩 묶어 두면 세기가 쉬워지곤 한다. 이때 숫자를 읽어 보면 5, 10, 15, 20, …이 된다. 이 수의 나열은 아이들에게도 친숙한 것으로, 곱셈이나 구구단표의 의미를 이해하는 데도 도움이 될 수 있을 것이다.

일본의 경우 이 부분은 교과 과정에서도 반영되어서 구구단 학습을 할 때 우선 5단부터 시작하고, 다음은 2단을 배우고 3단 이후로 이어진다. 우리 아이도 5단을 좋아해서 5단으로 구구단에 입문했다. 화장실에서 질리도록 구구단표를 보는 동안에 아이는 때때로 새로운 규칙을 찾아내어 그것을 아내나 나에게 알려 줬다.

한참 후에 아이가 우선 깨달은 것은 2×4와 4×2가 모두 8로 일치한다는, 이른바 교환법칙이다. 5×3도 3×5도 15, 7×4도 4×7도 28이 되는 법칙으로, 표에서 보면 왼쪽 위와 오른쪽 아래를 연결한 대각선을 따라 표는 선대칭이 된다. 곱셈을 직사각형 모양으로 배치된 물건의 개수로 볼 때, 이 교환법칙이 설명된다.

이 ●의 개수는 2×4이기도 하고 4×2이기도 하다. 그런 경우를 아이는 아이 나름대로 이유를 찾아 이해한 것 같았다. 그런데 그 뒤로 한참 후, 이 교환법칙의 경우 외에도

6×2와 4×3은 12로 모두 같다

라는 사실을 눈치 채고 우리에게 알려 주었다.

'곱하는 숫자가 다른 곱셈인데 답이 같다'라는 것이 아무래도 의외인 것 같았다. 왠지 신기해하는 표정을 지켜보다가 문득 덧셈을 배운 지 얼마 되지 않았을 때, 2+2와 3+1이 모두 4가 되는 것을 아이가 신경 쓰던 일이 생각났다.

이것을 신기해하는 기분은 왠지 짐작이 갔다. 같은 재료로, 만드는 방법을 바꾸면 여러 가지 음식을 만들 수 있다. 예를 들면 계란과 소금으로 계란프라이도 할 수 있고 계란말이도 만들 수 있다. 그러나 다른 재료로 같은 것을 만드는 것은 대개 할 수 없다. 계란을 사용하지 않고 계란프라이를 만들었다면 아마 마술일 것이다.

인풋이 다른데 아웃풋이 동일한 것은 직관적인 감각으로 돌아가서 생각해 보면 이상한 일이다. 그러나 수의 경우는 3+1이 4가 될 뿐만 아니라 2+2도 4로 그 값이 동일하다. 이런 곳에 수의 추상성이나 비일상성이 갑자기 드러난다. 아이가 그런 점을 발견한 것이 아닐까 하고 추측하자면 내 생각이 지나친 것일까.

이 추측에 대한 맞고 틀림은 제쳐 두고 아이가 신경 쓰고 있는

6×2=4×3을 어떻게 화제로 삼을까 생각하다가 다음 그림과 같이 양모공을 배치한 보드를 나란히 놓아 보았다. 이 양모공은 안에 자석이 들어 있어 보드에 달라붙는 구조로 되어 있다.[3]

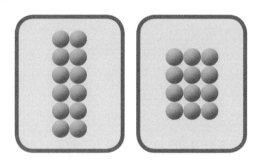

각각의 보드 방향을 세로로 혹은 가로로 바꾸어 보면 교환법칙인 6×2=2×6이나 4×3=3×4라는 사실을 설명할 수 있다. 둘 다 계산값이 12가 되는 이유는 다르지만 어쨌거나 명확한 사실은 둘 다 답이 12라는 것이다.

이 양모공 보드를 보여주면서 아이에게 여러 가지 얘기를 하며

---

[3] 우에노 마유미가 고안한 수학 학습 도구이다.

"6×2도 2×6도 4×3도 3×4도 전부 12야"라고 말했다. 그랬더니 이 해를 한 것인지 이해를 하고 싶었던 것인지 모르겠지만 이번에는 아이가 나중에 방에 들어온 아내에게 같은 설명을 반복했다. 그 뒤로 한참 동안 두 개의 보드를 나란히 거실에 놓아두었는데, 아이의 눈에는 어떻게 비쳤을까?

구구단표를 지그시 보고 있노라면

구구단표를 붙여 둔지 3개월인가 4개월쯤 지난 후 어느 사이엔가 아이는 새로운 패턴을 감지하고 있었다. 그것은

9단은 1의 자리와 10의 자리를 따로 보면 단적인 패턴이 있다

는 것이다. 9단 구구단을 다시 보자.

$$9 \times 1 = 9$$

$$9 \times 2 = 18$$

$$9 \times 3 = 27$$

$$9 \times 4 = 36$$

$$9 \times 5 = 45$$

$$9 \times 6 = 54$$

$$9 \times 7 = 63$$

$$9 \times 8 = 72$$

$$9 \times 9 = 81$$

1의 자리를 위에서부터 차례로 보면 9, 8, 7, 6, 5, 4, 3, 2, 1 역순으로 배열되어 있다. 10의 자리는 어떤가? 위에서 1, 2, 3, 4, 5, 6, 7, 8로 역시 순차적으로 배열되어 있다.

이 선명한 패턴은 어린 마음을 꽤 사로잡은 듯했다. 들어 보니 한 학년 위의 S군에게 배웠다고 한다. '어쩌면 구구단표에는 여러 가지 패턴이 있을 수도 있다'라는 가능성을 느꼈던 것인지 이때부터 아이는 보다 의식적으로 패턴을 찾아보는 것 같았다.

*　　*　　*

아마 이 9단 패턴에서 촉발되었을 것이다. 그로부터 한 달 정도 지나서, 이번에는

7단은 1의 자리에 1에서 9까지의 수가 한 번씩 나온다

라는 것을 알아냈다고 말해 줬다.

$$7 \times 1 = 7$$

$$7 \times 2 = 14$$

$$7 \times 3 = 21$$

$$7 \times 4 = 28$$

$$7 \times 5 = 35$$

$$7 \times 6 = 42$$

$$7 \times 7 = 49$$

$$7 \times 8 = 56$$

$$7 \times 9 = 63$$

7단의 1의 자리는 위에서부터 순서대로 7, 4, 1, 8, 5, 2, 9, 6, 3이다. 9단과는 달리 순서는 들쑥날쑥하지만 확실히 1부터 9까지 전부 한 번씩 나오고 있다.

7이 10과 서로 소수인 것에 근거한 현상인데 이 이유를 간략하게 설명하는 것은 고등학생 정도가 되더라도 약간 어려울 것이다. 수학적으로는 주목할 만한 상황이고 잉여환(剩餘環), 단수(單數), 전단사(全單射) 등 전문 용어를 사용한 설명도 존재한다.

아이는 이 발견을 그림일기에 적었다. 사실 3단에도 같은 패턴이 있다. 이것에 대해서는 아이한테서 들은 이야기가 없어서 발견했는지 못했는지는 모르겠다. 의외로 눈치채지 못했을지 모른다.

* * *

그런데 조금 전 이야기로 돌아가 보면, 좀 전의 9단 법칙에는 보물이 덤으로 숨어 있다. '구일은 구'는 보통 $9 \times 1 = 9$로 쓰는데 10의 자리에 0이 있다고 생각해서 '$9 \times 1 = 09$'라고 써 보자.

그리고 10의 자리를 위에서 보면,

0, 1, 2, 3, 4, 5, 6, 7, 8

이 되어 9×1 부분을 포함한 법칙이 된다. 1의 자리에 대한 규칙은 애초에 9×1을 포함한 것이었으므로 10의 자리도 이렇게 생각하면 법칙을 파악할 때 보다 통일성을 갖출 수 있다.

아이가 9단 법칙을 말해 왔을 때, 앞에서 설명한 내용은 건드리지 않았다. 남이 말을 해도 갑작스러워 무슨 말인지 알아듣기 힘들 테고 무리하게 알 필요도 없기 때문이다. 오히려 장차 아이 스스로 깨달으면 좋겠다고 생각하고 있었다. 그랬더니 생각지도 않은 일로

3개월 후쯤에 스스로 깨닫고 이야기를 하러 왔다.

이것은 내가 기대했던 것보다 훨씬 빨라서 좀 놀랐다. "역시 생각할 시간이 많구나"라고 말했다가는 분명 화낼 것이다. 아이는 그저 몇 달 동안 구구단표를 응시하다가 운 좋은 날에 그것을 알아차릴 기회가 왔을지도 모른다.

9×1을 09라고 하는 것은 조금 부자연스럽게 보일 수도 있겠지만 이렇게 '0'을 가정하는 것은 수학에서 특별히 신기한 것이 아니다. 이를테면 다음 계산을 비교해 보자.

$$
\begin{array}{r}
159 \\
-\ \ 53 \\
\hline
106
\end{array}
\qquad
\begin{array}{r}
59 \\
-\ \ 53 \\
\hline
6
\end{array}
$$

어느 쪽이든 10의 자리 계산은 5−5=0이지만, 오른쪽 계산에서는 0의 표기가 생략된다. 59−53의 답 6은 06의 6인 것이다.

또 왼쪽 계산에서 100의 자리를 계산할 때는 53이 053이라고 생각하고 1−0=1이라 생각하면 계산하는 순서의 설명이 통일된다.

스콜레

구구단표에는 이 밖에도 많은 패턴이 있다. 같은 수끼리 곱하는 대각선 위의 수에서 오른쪽 위로 하나 이동하면

구구단표[4]

	1	2	3	4	5	6	7	8	9
1	1	2	3	4	5	6	7	8	9
2	2	4	6	8	10	12	14	16	18
3	3	6	9	12	15	18	21	24	27
4	4	8	12	16	20	24	28	32	36
5	5	10	15	20	25	30	35	40	45
6	6	12	18	24	30	36	42	48	54
7	7	14	21	28	35	42	49	56	63
8	8	16	24	32	40	48	56	64	72
9	9	18	27	36	45	54	63	72	81

[4] 편집자 주. 쉬운 이해를 돕기 위해 구구단 표를 한 번 더 삽입했다.

$$4 \rightarrow 3, \ 9 \rightarrow 8, \ 16 \rightarrow 15, \ 25 \rightarrow 24, \ \cdots$$

으로 항상 1만큼 감소한다.

아이는 어느 날 이 사실을 깨달을 듯했지만 대각선상에 있는 수만을 보는 것이 어려웠던지 대각선 근처에 다른 수(12→10)를 포함해 생각하는 바람에 결국에는 깨닫지 못했다.

이런 때에 아이를 특별히 도울 필요는 없을 것 같다. 본인이 쉽게 사색할 수 있는 장소에서 산책을 즐기는 것이 의미가 있는 것이

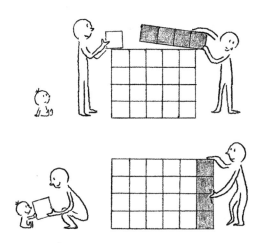

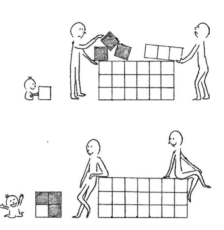

지 굳이 무리하게 높은 곳으로 끌어당기는 것은 오히려 문제가 될 수도 있을 것이다.

한참 지난 어느 날 화장실 앞을 지나치는데, "일일은 일, 이이는 사, 삼삼은 구, 사사는 십육, …"라며 아이가 대각선 부분을 소리 내어 읽는 것이 들렸다. 전에 있었던 일이 기억에 남았을지도 모르겠다. 구구단은 대각선으로 대칭이니까 대각선에 눈이 향하는 것은 자연스러운 것이다.

대각선에 있는 수를 나열한 1, 4, 9, 16, 25, 36, 49, 64, 81이고, 그 수열에서 서로 이웃하는 수의 차이를 계산하면

3, 5, 7, 9, 11, 13, 15, 17

이라는 꽤 선명한 패턴이 나타난다.

일단 이것을 깨달으면 구구단을 확장한 10×10이나 11×11에도 그 규칙이 지속되는지, 대각선 말고도 비스듬하게 보면 어떨지 등 생각을 더욱 넓혀갈 수 있다.

또 다른 예로 2단의 수와 3단의 수를 더하면, 5단의 수가 된다. 또한 5단의 25를 중심으로 점대칭인 위치에 있는 두 수의 1의 자릿수는 일치한다.

혹은 구구단표를 짝수, 홀수로 구분해서 색칠해 보면 보이는 무늬도 있다. 이건 나도 짝수와 홀수의 차이가 꽤 신경 쓰이던 차에 엄청 한가했던 초등학생 시절에 문득 생각나서 시도해 본 것인데 그 결과를 보고 기뻐했던 경험이 있기도 하다. 3으로 나눈 뒤 나머지를 0, 1, 2로 구분해 3가지 색으로 색칠하면 어떤 무늬가 될까?

* * *

한가함, 여유라는 의미의 말을 몇 번이나 반복했다. 장차 이 글을 성장한 딸이 발견한다면 짜증을 낼지도 모른다. 그런 것을 생각하다가 문득 스콜라라는 단어의 본래 의미가 여유라는 얘기를 어디선가 읽었던 기억이 났다.

조사해 보면 스콜라의 어원 스콜레(σχολή, skhole)는 '여유'를 뜻하는 고대 그리스어라고 한다. 하지만 이는 한가(閑暇), 무위(無爲), 지체(遲滯)라는 의미와 함께

- 어떤 일로부터 해방되는 일
- 여유로운 시간에 진행되는 것, 특히 학문적인 토론

과 같은 매우 긍정적인 의미가 있다.

학교를 뜻하는 스쿨(school)의 어원도 이 '스콜레'라고 한다. 그런 것을 생각해 보면 요즘의 아이들에게 충분한 스콜레가 있을까 궁금하기도 하다. 질 좋은 스콜레야 말로 지성(知性)의 근원이 아니겠는가.

동그라미 개수를 구하는 방법

《녹색표지》라는 호칭으로도 알려진 일본 국정 수학 교과서[5]에 다음과 같은 그림이 있다.

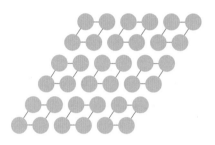

곱셈 단원 부분에 '동그라미가 몇 개 있습니까?'라는 문제를 위해 그려진 그림이다. 자세히 보면 해법이 두 가지이다. $6 \times 6 = 4 \times 9$라는 것을 설명할 수 있도록 고안되었다.

---

[5] 1935년부터 1943년까지 일본에서 사용되었던 교과서이다.

PART
3

정답과 오답

길을 가면서 덧셈해 보기

장보러 가는 길에 아이에게 덧셈 문제를 냈더니 흥미로운 반응을 보인 적이 있다. 일단

$$7+9$$

를 물었더니 답으로 16이라고 말했다. 정답이었다. 다음에

$$70+90$$

을 물으니 160이라고 말했다. 이것도 정답이었다. 그런데

$$700+900$$

을 물었더니, 1060이라고 대답해서 틀렸다. 이 반응이 재밌었다.

"어? 그럴까?"라고 말하면서 아이가 답을 다시 생각해 볼 수 있도록 70+90은 얼마인지 물었는데, 어떤 이유 때문인지 아이는 갑자기 70+90의 계산도 헷갈려 대답을 하지 못했다. 이럴 때 가르치는 사람은 어떻게 해야 할까?

*   *   *

상황에 따라 여러 가지를 생각할 수 있겠지만 우선 70+90의 정답을 모르게 된 것을 안타깝게 생각할 필요는 전혀 없다고 열과 성을 다해(?) 전해드리고 싶다.

왜 한 번 풀었던 70+90을 다시 풀지 못하게 됐을까? 그것은 700+900, 70+90이라는 두 덧셈 사이에 연관성이 있음을 아이가 눈치 챘기 때문일 것이다. 여전히 70+90에 대해 정답을 말할 수 있다면 그건 그것대로 괜찮은 일이지만 할 수 없게 된 것도 그 역시 무언가를 이해하고 있기에 일어난 일이다.

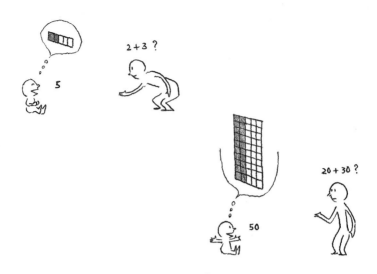

　문제 풀이를 한 번 실패한 뒤로 그동안 풀 수 있었던 문제를 갑자기 풀 수 없게 된 경험은 누구에게나 있지 않을까? 정말 잘하고 싶은 기능이 있다면 이러한 현상이 꼭 아쉽기만 한 것은 아니다. 이런 경우는 기능을 더욱 깊게 함양시킬 수 있는 기회이기도 하기 때문이다. 맹점이 밖으로 드러나는 것은 길게 보면 좋은 일이기도 한 셈이다.

　우리 아이는 이때 혼란스럽고 더 이상 생각하기가 싫어져 160이

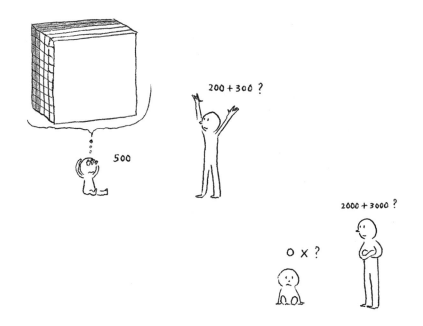

라는 답을 다시 말할 수 없었지만 그것 또한 학습의 한 형태로 보았다. 수학 분야에 종사하는 사람으로서는 계산기처럼 답을 정확하게 낼 수 있느냐 없느냐 보다 70+90을 700+900 등 다른 여러 문제와 연관시키면서 전체를 깊이 있고 풍요롭게 이해해 주길 바라게 된다.

시험

　그런데 앞에서 말한 길거리에서 물었던 덧셈 문제는 시험에서의 맞고 틀림을 어떻게 바라봐야 할지에 대한 미묘한 의문을 던지고 있다고 생각한다. 700+900이 1060이 된 후, 70+90을 풀 수 없게 되어 버린 A와 여전히 70+90의 답을 160이라고 대답하는 B를 상상해 보자. 어느 쪽이 더 좋은 것일까?

　시험의 관점에서 판단하면 70+90이라는 문제의 답을 A는 틀렸고 B는 맞았다. 그러나 여기서는 둘 다 부분적인 이해와 부분적인 과제를 가지고 있다. A는 처음에 160이라고 맞는 답을 이야기했으나 700+900과 연관성이 있다는 사실을 깨닫고 혼란에 빠진 것이다. 160이라는 답을 말하지 못하게 된 A는 확실히 풀어야 할 숙제를 안고 있다. 그러나 B는 70+90=160과 700+900=1060이라는 답이 머릿속에서 공존하고 있다는 점에 풀어야 할 숙제가 있다.

＊　＊　＊

문제없이 이해했다고 생각한 것이 새로 얻은 다른 지식이나 이해와 논리적으로 모순이 되어 잘 모르게 되는 일은 학습 도중 자주 일어나는 일이다. 더 많은 혼란스러움을 겪는 사람이 최종적으로 보다 깊은 이해에 도달한다는 사례도 자주 듣는다. 극단적인 예로 아인슈타인은 고등학생 때 물리를 잘하지 못했다는 일화를 들 수 있다. 또한 5년 정도의 기간을 두고 보면 나 자신 혹은 내 친구들을 포함해도 잘하고 못하는 것이 바뀌는 경우가 얼마든지 있다.

시험은 정해진 형식과 범위 안에서 답을 맞게 풀 수 있는지를 정확하게 판정할 수 있다. 하지만 본인의 내면에서 내용을 어떻게 이해하고 현재진행형으로 지식을 구축하고 있는지 등 보다 본질적인 문제에 대해 맞고 틀림으로 답할 수 없다.

이것은 실제로 시험 문제를 내는 측에는 골치 아픈 문제이기도 하다. 특히 미래 예측이라는 면에서는 아무리 생각해도 불확실하다. 공들여 만든 시험으로 3년 후에 응시자가 어디까지 발전할 것인지를 예언하는 것은 거의 불가능하다. 역사에 남을 만한 학자를 보아도 학업 성적이 아주 우수한 사람이 있는가 하면 전혀 눈에 띄지 않앉던 사람도 있는 것은 분명하다.

　프로 야구에서도 드래프트 1순위로 지명 받은 선수가 반드시 활약하는 것은 아닌 걸 보면 그것은 단지 학업에 국한되어 있는 게 아닌 것 같다. 일본을 대표하는 야구선수가 된 이치로(鈴木一朗)가 드래프트 때는 4순위로 지명되었다는 것은(12개 구단이 각각 원하는 선수를 지명했는데, 4순위에서 지명받았다) 이러한 현상을 상징하는 일이라고 생각한다.

　나도 어렸을 때 즐겨보던 만화 〈도라에몽〉에서는 '항상 0점을 받아 혼나는 노비타'와 '항상 100점을 맞는 영리한 데키스기'가 대조적으로 그려져 있다. 물론 극단적인 표현 방법이고 진지한 이야기에 만화를 예로 드는 것이 우스워 보일 수 있지만 〈도라에몽〉의 이 가치관을 그대로 현실 세계로 가져오는 것은 시험의 기능을 과대평가하고 있다고 볼 수밖에 없다.

　시험은 답을 틀렸다고 반드시 잘못된 것이 아니고 답을 맞았다고 문제가 없음을 보증하는 것도 아니다. 100점이라고 특별히 안심할 수 있다는 것이 아니다. 딱 잘라 말한다면 100점이란 일단 고민

해야 할 과제가 발견되지 않았음을 의미할 뿐이다.

당연히 이런 이야기를 해서 시험을 나쁜 것으로 몰아세우고 싶은 것은 아니다. 풀어야 할 내용을 문제로 확인할 수 있는 유용하고 효과적인 도구임에 틀림없고 좀 더 인간적으로 말하면 노력한 결과로 인해 점수가 오르는 것은 기쁜 일이다. 어디까지나 시험의 한계를 잘못 이해하고 싶지 않다는 것이다.

자신이 시험의 답을 왜 모르는지 질책 받고 있는 상황을 상상해 보면 내가 답을 모를 경우 상대가 기분이 나빠지고 초조해한다는 것은 안다. 그러나 질책 받는 그 상태에서 '답을 알 수 있을까'라고 생각해 보면 그렇게 되기는 어려운 일일 것이다.

수학에 "이런 것쯤은 알아야지!"라고 혼이 나서 알 수 있게 되는 것은 하나도 없다. 원래 인간은 자신의 오류에 대해 너그럽게 생각하는 습성이 있다. 시험 점수가 나빠서 야단을 맞거나 그래서 시험지를 숨기거나 하는 것은 수학의 배움에서 멀리 떨어진 다른 세계에서 일어나고 있는 슬픈 연극처럼 느껴질 때가 있다.

'맞음-○', '틀림-／' 표시는 맞고 틀림을 나타내는 기호이지만 원래 이 표시에는 좋고 나쁨의 가치 판단은 포함되지 않았다. '틀림'은 생각하기 위한 소재를 제공한다. 그렇게 생각하는 것이 진정한 배움을 위한 출발점이 되지 않을까?

식의 의미와 의도

구체적인 수학 이야기에서 조금 벗어났는데 다시 수학으로 돌아가서 '맞음'과 '틀림'의 경계의 모호함을 느끼게 한 경험을 하나 더 소개하고 싶다. 아이 공부를 봐 줄 때, 수학에서 이런 문장제 서술형 문제가 나왔다.

1. 달걀이 7개 있었습니다. 그중에서 몇 개인가를 쓴 뒤에 세어 보았더니 남아 있는 것은 2개였습니다. 그렇다면 총 몇 개의 달걀을 사용했을까요?

아이는 우선 답을 적는 공간에 5를 썼다. 5라고만 써도 될지 물으니 단위인 '개'를 덧붙여 5개라고 쓴다. 여기까지는 좋았다. 이 문제에서는 답을 구할 수 있는 식도 함께 쓰라고 했고 식을 쓰는 공간도 있었다. 그래서 "식은 안 쓰니?"라고 물었다. 이때 아이가 쓴 식이 참으로 재미있었다. 문제가 의도했던 식은

$$7 - 2 = 5$$

이지만 아이가 망설임 없이 쓴 식은 이것이 아니라,

$$7 - 5 = 2$$

였던 것이다.

아이가 어쩌다 이런 식을 세우게 된 것인지 아이의 생각을 짐작해 볼 수 있을까?

* * *

　아이가 쓴 7 − 5 = 2라는 식은 '7개의 달걀 중 5개를 사용했더니 남은 달걀이 2개가 되었다'라는 상황을 시간 순서대로 설명한 식이다. 아이가 답을 계산할 때는 망설임이 없었는데 이렇게 문제의 의도와 다른 식을 쓰게 된 이유를 짐작해 볼 수 있다. 답을 먼저 쓰고 식은 나중에 쓰는 문제가 자주 있어서 별반 신경 쓰지 않았는데 아이가 여기서 7 − 5 = 2라는 식을 쓴 것은 나에게는 완전히 예상 밖의 것이었으며 이 아이에게 식이란 그런 의미였었나 하고 정말 놀랐다.

　문제가 요구했던 올바른 식인 7 − 2 = 5를 생각해 보자. 이것은 어떤 계산으로 답을 찾아내는지를 설명하는 식이다. 이 계산에서 답이 도출되는 이유는 다음의 그림을 생각해 보면 이해가 쉬울 것이다.

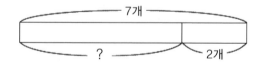

덧붙여서 설명하자면 이것은 테이프 그림이라고 한다. 선분과 기능은 바뀌지 않지만 두께가 있어 저학년 초등학생도 쉽게 이해할 수 있도록 만든 그림 도구이다.

그러나 이 7-2=5라고 하는 식은 이미 '7개 중 5개를 사용했더니 나머지가 2개였다'라는 상황과는 순서대로 대응하지 않고 있다. 어떻게 해서든 상황을 설명하는 식을 쓰고 싶다면, 예를 들어서

$$7 - \square = 2$$

라는 식이 될 것이다. 문자를 사용하면 $7 - x = 2$ 이며 방정식을 세우는 사고방식에 가까워진다. 방정식을 푸는 계산은

$$\square = 7 - 2$$

라 볼 수 있다. 그런데 이 과정에서 7-2=5라고 하는 식과 관계가 생긴다.

* * *

앞에서 나온 문제 ①은 다음 문제 ②와 비교하면 어려운 점이 명확해진다.

② 달걀이 7개 있었습니다. 5개 사용했습니다. 남은 달걀은 몇 개일까요?

이 문제라면 7-5=2라는 상황을 설명하는 식을 세우고 동시에 답을 도출할 수 있으므로 문제가 없다. 아이가 식을 세울 때 7-5인지 7-2인지 헷갈린 것은 ①의 상황이 ②와 다르면서 더 어려웠기 때문이었다.

교과서에서의 풀이

문제 **1**의 경우 식의 '정답'은 우선 $7-2=5$이며 시험에서는 $7-2=5$로 쓰면 맞고, $7-5=2$로 쓰면 틀린다. 그런데 이때 우리 아이는 왜 $7-2=5$라는 식을 써야 하는지 납득하기 보다는 $7-5=2$를 썼을 때 무엇이 어떻게 틀렸는지 이해할 수 없는 듯했다. 그것은 그럴 법도 하다.

교과서에서는 어떻게 되어 있을까? 책을 보았더니 우선 **1**과 **2**의 차이는 상당히 주의 깊게 구별되어 있었다. **2** 유형 문제의 경우 1학년에서 기본적인 문제로 다루는데 **1** 유형의 문제는 2학년이 되면서부터 등장하고 게다가 응용문제로 취급하고 있다. 역시 유형 **1**이 어려웠던 것이다. 물론 시중의 교재 중에는 이 차이에 무관심한 것도 있는 것 같으니 조금 신경 쓰는 편이 좋을 것 같다.

식은 어떻게 취급해야 할까? 일본의 한 출판사에서 출간되는 교과서 수학책⊖을 잘 읽어 보면 **1** 유형의 문제에서는 '답을 구하는

⊖ 《새로운 수학》, 도쿄서적 교과서

식과 답을 쓰시오'라고 씌어 있었다. 정답을 구하는 식을 써야 한다면 7−2=5라고 해야 할 것이다.

그러나 이는 뒤집어 보면 만일 문제가 '상황을 설명하는 식을 쓰시오'라고 한다면 7−5=2가 정답이 될 수도 있다는 뜻이다. 또한 교과서의 다른 문제에서는 단순히 '식을 쓰시오'라고 쓰여 있을 뿐 일부러 '답을 구하는 식을'이라는 방식으로 묻는 것도 이 책뿐이다. 문제에 '답을 구하는 식을'이라고 쓰여 있어도, 문제를 읽고 그 의미를 올바르게 파악한다는 것은 2학년에게는 쉽지 않을지도 모른다.

그런 부분을 생각하면서 다른 책을 펴 보고는 또 놀랐다. 다른 책에서는 ①유형 문제에서 식에 대한 것은 묻지 않았다. 테이프 그림를 보여주면서 답을 구하는 질문만 하고 있었다. 물론 다른 많은 문제에서는 식을 묻고 있는데 특별히 ①유형 문제에서 식을 묻지 않은 것은 아이에게 일어날지도 모르는 혼란을 배려했기 때문일 것이다. 식을 세우는 것에 대해서는 학년이 올라가면서 서서히 생각하자는 방침인 것 같다.

아무래도 교과서에 따라 대응이 갈릴 정도로 미묘한 사안이었던 모양이다. 흥미로워서 조사해 봤는데 이런 결과가 나오리라고는 생각지도 못했지만 수학을 가르치는 것에 대한 어려움이나 교육 현장의 어려움을 잠시나마 엿볼 수 있었다.

* * *

지금 우리 아이는 어떤 생각을 하고 있을까? 문제 1은 너무 단순하다고 생각할 수도 있기에 다음 문제와 같이 물어보았다.

한 권의 두께가 3cm인 책이 있습니다. 책장에 몇 권을 꽂았더니 꽂힌 책들의 총 가로 길이가 18cm였습니다. 몇 권을 꽂았을까요?

아이가 조금 생각하더니 6권이라고 대답하기에, "식(式)은 어떻게 돼?"라고 물어보니 "$3 \times 6 = 18$"이라며 미소를 지었다.

두 번째 보았던 교과서의 방식을 따른다면 식은 따로 묻지 않거나 식을 틀린 아이의 모습을 보아도 별로 이러쿵저러쿵 말하지 않아

도 될 것 같다. 앞으로 언젠가는 6권의 6을 도출하는 식으로 18÷3

이 있다는 것을 알게 될 것이다. 그때 이 아이는 그것을 어떻게 받아

들일까?

칼럼 700＋900＝1060에 대하여

700＋900을 1060처럼 틀리는 배경에는 Part 1에서 다뤘던 주제인 자릿수 표현법의 어려움이 숨어 있다. 700＋900의 경우 100이 각각 7개인 수와 9개인 수의 합이므로 우선 답은 100이 16개, 그것을 다시 1600으로 고치는 과정으로 계산하게 된다. 이게 답을 찾는 유일한 순서는 아니지만 어떤 방법을 사용하든 익숙해질 때까지는 꽤 어렵다. '100이 10개면 1000'이라는 사실을 상당히 자유자재로 사용할 수 있어야 한다.

아이가 소수를 배운지 얼마 안 됐을 때 1.3×10을 10.3이라고 답했던 적이 있다. 틀리는 구조끼리는 통하는 것이 있다는 생각이 든다.

PART

4

계산기로 배우는 수

조금 분위기를 바꿔서 이번 파트에서는 나의 어린 시절을 이야기하고 싶다. 사실 많은 수학자들이, 아니 수학자뿐만 아니라 전문적인 일에 종사하고 있는 다양한 분들이, 기억에 있는지 없는지는 별도로 하더라도 어릴 적에 그 전문성에 관한 뭔가 비슷한 형태의 경험을 하는 듯하다. 그러니까 별로 희귀한 이야기는 아닐지 모르지만 어린 아이라도 우연한 일로 생각지 못한 것에 깊이 빠지게 되는 한 예시로 소개하고자 한다.

장난감이 된 계산기

예닐곱 살 때 나는 어머니께 작은 계산기를 선물 받았다. 계산기는 당시 매우 빠르게 보급되고 있어 비싸지 않은 가격으로 쉽게 구할 수 있었다. 나에게는 두 살 어린 남동생이 있어서 일상생활이 꽤 바빴던 엄마는 조금이라도 나를 혼자 놀게 하는 방법이 없을지 생각한 끝에 계산기를 장난감으로 건네준 것 같았다. 내가 집에 원래 있던 계산기를 자주 갖고 놀았고, 어른들이 필요할 때에 사용할 수 없어서 곤란했던 일도 있었던 것 같다.

이 계산기는 ①⊞를 누르고 나서 ⊜⊜⊜⊜…를 계속 누르면 수가 1씩 더해져 1, 2, 3, 4, 5, …라고 표시되는 기능이 있었다. "이런 식으로 수가 늘어나니까 계속해서 해봐"라는 거의 시간 때우기라고 밖에는 말할 수 없는 간단한 사용법만 배웠던 것이 기억에 남는다.

다른 전자 제품도 별로 없고 장난감을 포함해서 물건이 그다지 넘쳐나지 않을 시대였다. 나의 전유물이 된 이 계산기가 매우 마음에 들어서 특별히 목적도 없이 생각나는 대로 여러 가지 놀이를 하며 가지고 놀았다. 바쁜 어머니께 다소 쉴 수 있는 시간을 만들어 드리지 않았을까 생각한다.

*   *   *

결국에 가장 자주 한 놀이는 배운 대로 1씩 더하는 조작이었다.

1씩 늘어 간다는 사실이 기뻤는지 아니면 그냥 단순 작업이 재밌었는지는 모르겠다. '100이 될 때까지 해 보자', '좀 더 해 볼까?', '어디까지 할 수 있을까?'라고 생각하면서 반복해서 놀았었다.

그러다 보면 다른 것도 해 보고 싶어진다. ②⊞＝＝＝＝…를 계속하면 2씩 더해져 2, 4, 6, 8, 10, …이 된다. ①⓪을 눌러 10을 표시한 후, ⊞＝＝＝＝…을 누르면, 10, 20, 30, 40, …으로 10씩 늘어나는 식이다.

⊠버튼이 있어서 이번에는 ②⊠⊜⊜⊜⊜⋯를 해 보면 2, 4, 8, 16, 32로 2배씩 늘어나는 값이 나온다. 계속하면 64, 128, 256,⋯으로 늘어나고, 이후 순식간에 수가 거대해진다. 8자리 표시의 계산기였는데 20번 조금 넘게 ⊜을 누르니까 숫자 표시가 화면에 가득 차더니 오른쪽 밑에 작게 E라는 기호가 표시되고 더 이상 작동하지 않았다. 당시에 E가 Error의 E인지 알 도리가 없었다기보다는 알파벳 자체를 몰랐다. 하지만 '자릿수를 초과했다'라는 것은 그냥 알 것 같았다. 결과적으로 거듭제곱을 통한 수의 증가를 느낄 수 있는 작은 기회가 되었다.

⊟라는 버튼이 있기에 이것도 사용해 보았다. ⑤⊟②⊜는 2.5로 소수점이 표시된다. 딱 떨어지지 않는 일도 자주 있는데, ③⊟⑦ 등이 되면 한 번에 숫자가 화면 가득 쭉 표시된다. ①⊟⓪⊜를 누르면 갑자기 E가 표시되면서 작동하지 않는다. 무슨 뜻인지는 알 수 없으면서도 이런 작동은 뭔가 이상하다고 생각했고 재미있었다.

자신만의 방식으로 이해한 '마이너스 이론'

내가 여덟 살 때 즈음 음수를 어느 정도 이해할 수 있게 되었다고 하면 놀랄 것이다. 나에게 음수를 가르쳐 준 것은 바로 이 작은 계산기이다.

뺄셈은 이미 배워서 알고 있었다. ⑤⊖②⊜를 계산하면 답이 3이 된다는 것은 내가 알고 있는 답과 일치했다. ⊖를 사용해 여러 가지 뺄셈을 하다 보면 ②⊖⑤⊜ 등의 숫자를 넣어 버리게 된다.

물론 초등학교 저학년 때 일이니까 이런 식의 뺄셈은 할 수 없다고 생각했는데, 뜻밖에 화면에는 이런 표시가 떴다.

웬일인지 이 계산기는 2-5의 답을 낼 수 있었다. 그리고 왼쪽 끝

에 이상한 작은 가로 막대기가 표시되는 것이 아닌가. 이 답이 3이라는 건지 아니라는 것인지 궁금해서 주위 어른들께 여쭤 보니 그 가로 막대기는 마이너스라고 읽는 것이고 답은 '마이너스 3'이라고 가르쳐 주셨다.

* * *

이 마이너스 숫자는 상당히 신기하면서 또 재미있는 숫자였다. 이 표시가 나온 후에, 예를 들어 +7= 를 하면 3+7의 10이 아니라 4가 된다. -3에서 +3= 를 두드리면 0이 된다.

2-5에서 -3을 만든 후, +5= 를 누르면 맨 처음 수인 2로 되돌아간다. 즉, '줄인 만큼 늘리면 원래대로 돌아간다'라는 것은 여하튼 여러 숫자의 덧셈, 뺄셈 과정에서 마이너스 수가 되는 경우도 성립되는 것 같다고 생각했다.

작은 수에서 큰 수를 빼면 어떤 답이 나올까. 이치는 모르겠지만 1-3= 는 -2, 3-6= 는 -3 등 여러 가지 조작을 시도하는 동안에 표시되는 답의 패턴이 보였다. '숫자의 자리를 바꿔 뺄셈을 한 후 마지막으로 마이너스를 붙인 것이 답이다'라고 어렴풋이 느끼게 되었다. 그러니까 $1-6$이면 $6-1$의 마이너스로 -5인 것이다. 구름 위를 걷는 듯한 애매모호한 느낌이라고 생각했다.

실은 중학생 사촌 형이 놀이 상대가 되어 주었을 때 형이 의도치 않게 마이너스 문제를 냈는데 별 자신은 없었지만 그냥 감으로 "마이너스 5…인가?"라고 답해서 사촌 형을 놀라게 한 기억이 있다. 하기야 무슨 의미인지도 몰랐고, 형이 "2 더하기 -3은?"하고 물어보면 답을 하지 못했을 것이지만 말이다.

* * *

이렇게 자기 나름의 '수에 대한 마이너스 이론'을 생각하고 있던 데다가 집 벽에 걸려 있던 온도계도 적잖이 도움이 되었던 기억이 있다. 모두들 알다시피 온도계에는 $-10℃$, $-20℃$와 같은 마이너스 온도가 당연하다는 듯이 눈금에 새겨져 있다.

수(數)를 단순히 물건의 개수를 나타내는 것이라고 생각하면 '사과가 −3개'라는 사실은 상상하기 어렵다. 그러나 수는 기준에서의 차이를 양적으로 표현한 것이라고 생각하면 차이가 양방향으로 있는 한 음수는 자연히 나타난다. 온도는 여기에 해당하는 간단한 예시이다.

내가 알기로는 실내에 걸려있던 온도계가 영하인 경우는 없었다. 하지만 "TV에서 보는 북극은 지구에서도 아주 추운 곳이라서 거기는 기온이 영하야" 혹은 가까이에 있는 예로 "냉동실 온도가 마이너스로 되어 있고 온도가 마이너스면 물은 얼음이 되는 거야"라는 말을 들으면 아이 마음속에 마이너스 온도에 대한 개념이 있겠구나 하는 생각이 든다.

온도계 눈금을 자세히 관찰하면 2도에서 눈금을 5개 내리는 경우, 즉 5℃가 떨어지면 −3℃가 된다. 그게 2−5 = −3의 의미이다. '−' 기호를 보고 그런 생각을 떠올리지는 못했지만 음수가 논리적으로 존재하고 있다고 느낀 것은 음수를 받아들이기 위한 심리적 요인에 크게 긍정적으로 작용했다고 본다.

생각지도 못한 부작용

    나의 이런 경험 때문에 아이에게는 계산기와 온도계를 주면 좋다고 생각할지도 모른다. 그게 나쁘다고는 전혀 생각하지 않지만 나는 오히려 이 계산기 때문에 분수 공부를 할 때 이상하게 힘들었던 것 같다. 이제 그 얘기를 하려고 한다.

＊   ＊   ＊

    ①÷②＝를 누르면 0.5로 표시된다. 그리고 나서 ×②＝를 누르면 1이 된다. 원래의 1로 돌아가는 데는 이유가 있다. 1을 2등분한 것이 2개 있으면 그 전체는 원래의 1이기 때문이다.

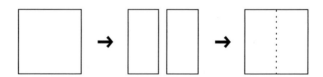

계산기에서 ①÷②÷②＝를 하면 우선 0.5, 그다음에 0.25로 표시된다. 그러고 나서 ×②×②＝를 누르면 0.5를 거쳐 1이 된다. 1로 돌아오는 이유는 똑같다. ③÷②×②＝를 하면 3이 된다. 어떤 수로 시작하더라도 혹은 2로 나누거나 곱하는 횟수를 늘리더라도 나눈 횟수와 곱하는 횟수가 같으면 처음의 수로 돌아간다.

둘로 등분한 하나라는 의미인 $\frac{1}{2}$이란 분수는 즉 0.5라고 어느샌가 생각하게 되었다. '$\frac{1}{4}$이면 0.25라는 뜻, $\frac{3}{2}$은 1.5이고, $\frac{2}{5}$는 0.4이다'와 같은 식으로 분수를 소수로 표현해야 한다고 이해했던 것 같다.

일상생활에 넘쳐나는 수도 분수가 아닌 소수이다. 매달 체중을 측정하면 23.3kg 등과 같이 소수로 나타냈고 키도 체온도 그랬다. 초등학생 시절, 한때 소프트볼을 했는데 홈베이스에서 1루까지는 16.76m였다.

현대 사회에서 측정량은 거의 소수로 표시되고 있다. 이 또한 '분수는 소수로 고쳐 이해한다'라는 방침을 뒷받침한다.

그런데 문제가 된 것은 $\frac{1}{3}$ 이다.

$$* \quad * \quad *$$

계산기로 $\boxed{1}\boxed{\div}\boxed{3}\boxed{=}$ 를 누르면,

$$0.3333333$$

이 되면서 화면에 표시가 꽉 찬다. 그리고 $\boxed{\times}\boxed{3}\boxed{=}$ 라고 하면 어떻게 될까? 아시다시피

$$0.9999999$$

가 된다. 1로는 돌아오지 않는다. 8자리를 표시하는 계산기라서 그런가 싶어서 아버지 회사에는 10자리를 표시하는 계산기가 있다고 하니 한번 보고 싶다고 생각했는데 10자리를 표시하는 계산기도 역

시 0.99…999로 오로지 9가 표시되게끔 정해져 있었다.

$\frac{1}{3}$ 은 소수로 정확하게 표시할 수 없다. 그래서 $\frac{1}{3}$ 이라는 숫자는 실제로 존재하지 않는다고 나는 이때 결론지었다. 언제나 바로바로 정확한 답을 알려 주고 때때로 자신이 모르는 개념도 가르쳐 주는 이 손바닥 크기만한 계산기에 어느새 나는 상당한 신뢰를 주었던 모양이다.

* * *

학교 수학에서 $\frac{1}{3}$ 이 나왔을 때, '왜 존재하지 않는 수에 대해 생각을 하는 거지?'라고 생각해 버렸다.

$$\frac{1}{3} + \frac{1}{3} + \frac{1}{3} = 1$$

라고 쓰여 있어도 도무지 진실이라고 이해하기 어려웠다. 머릿속에 있는 내 작은 분신이 '사실은 아주 조금 부족해서 정확히 1은 안 되는 거야', '이것은 말도 안 되는 거야' 등의 말을 멋대로 속삭였다.

그렇다고는 해도 열 살도 안 된 내성적인 성격을 가진 당시의 내가 이런 이유 때문에 학습을 포기하는 경지에 이른다는 것 또한 무리가 있었다. 교과서에 나와 있는 것처럼 분수를 다룰 줄 알아야만 한다는 것을 알았다. 그러나 한편으로는 나름대로 쌓아 올린 수학의 이해를 쉽게 팽개칠 수도 없었다. 목재 하나 잘못 빼서 전체를 와르르 무너뜨리는 일은 곤란하다. 어떻게 하면 좋을까?

고민 끝에 내가 찾아낸 해결책은 다음과 같았다.

'딱 떨어지지 않는 $\frac{1}{3}$과 같은 분수는 근삿값으로 존재하는 한 단계 아래의 수로서, $\frac{1}{2}$과 같은 실재하는 수와 구별한다. 실제로는 존재하지 않지만 계산은 가능한 대상이라고 간주한다.'

이렇게 해서 지금까지 나름대로 수학에 대한 이해와 새로운 과제인 분수와 분수 풀이에 대한 이해를 별개의 정신적인 구획으로 안전하게 넣어 둘 수 있었던 것 같다.

예를 들어서

$$\frac{1}{2} + \frac{3}{5} + \frac{2}{3}$$

라는 문제라면 실재하는 수 2개와 한 단계 아래의 수 1개의 덧셈이라고 생각한다. 한 단계 아래의 수가 섞여 있기 때문에 답이 그렇게 되어 버려도 어쩔 수 없다. 그래서 돌아가서

$$\frac{1}{3} + \frac{1}{6} = \frac{2+1}{6} = \frac{3}{6} = \frac{1}{2}$$

과 같이 한 단계 아래의 수들에서 실재하는 수가 나오는 것을 재미있어 했고 이처럼 약분이 될 때는 언제인지 여러모로 궁리해 보기도 했다.

$$\frac{1}{3} = 0.3333333\cdots$$

돌이켜 생각해 보니

'별난 것을 생각하는 아이다'라고 생각할지도 모른다. 나 자신을 돌이켜 보아도 참 골치 아픈 짓을 했었다는 생각이 든다. 그러나 때로는 어린 아이일지라도 어른들이 상상도 하지 못하는 복잡한 사고를 하기도 한다는 것은 어느 누구든 자신의 어린 시절 경험으로 알고 있지 않은가?

아이는 언어화 능력이나 표현 능력도 한정되어 있고 때때로 어른과 상당히 다른 시점을 가지고 있기 때문에 어른들이 말하는 사고방식을 깨닫거나 이해하는 것은 어렵다. 그러나 그것이 수학이든 뭐든 간에 아이가 보다 복잡한 사고를 할 수 있다는 가능성을 인정하는 것은 중요하다고 생각한다.

이 일로 나는 단기적으로는 '손해'를 봤을 것이다. 실재 감각이 부족하다는 것은 역시 걸림돌이 된다. 거짓말 같다거나 정말일 것 같지 않은 느낌을 가지고 있으면 어떻든 사고방식에 제동이 걸린다.

그러면 이런 경험은 없는 게 좋았냐면 장기적으로는 전부 나쁘다고 말할 수 없다고 생각한다. Part 3에서 더 혼란스러웠던 사람이 최종적으로 더 깊은 이해에 도달할 수도 있다고 말했었는데 무슨 일이든 길게 생각하거나 여러 방향에서 생각하는 것은 깊은 이해를 얻기 위한 중요한 요소가 될 수 있다. 우여곡절을 가져온 경험도 그 후 내가 수학을 하는 과정에 있어서 어떤 역할을 해 주었던 것 같다는 생각이 든다. 지금에 와서 돌이켜 보면 짐작이 가는 부분이 몇 가지 있다.

* * *

여러 방식으로 내 인생에 영향을 끼친 계산기이기 때문에 우리 아이에게도 사 줘 봤다. 역시 손바닥 크기의 작은 계산기로 골랐다. "37×3을 하면 재밌다"라고 말하면 아이가 해 보고 111이 표시되니 기뻐한다. "그러면 다음은 625×16을 해 볼래?"라고 하면, 아이가 발음상 '육백……이십오'이므로 이십오는 떼고 우선 600을 눌러 버려서 600이 표시되어 곤란하기도 했다. 625×16을 실제로 계산하면 답은 10000이다.

자릿수 표시는 어렵다고 생각했지만 아이가 흥미를 가지고 놀다 보니 얼마 지난 후에는 제대로 할 수 있게 되었다. 그 밖에 $12345679 \times 63 = 777777777$이나 $333 \times 334 = 111222$ 등 답이 재미있어지는 예가 있지만 이런 공들인 문제를 준비하지 않아도 333×2가 666이 되는 정도로 충분히 재미있어해 준다는 것을 나중에 알게 되었다.

태어날 때부터 스마트폰이나 태블릿에 둘러싸여 자라는 세대의 어린 아이들이다. 나처럼 계산기에만 주의를 기울일 수 있는 것도 아니다. 그래도 가끔 생각나면 가지고 놀고 있다. 어떻게 노는지는 모르겠지만 우리 아이의 계산기 놀이도 수학을 배우는 데에 어떻게든 도움이 되었으면 좋겠다.

수의 이해

마지막으로 수를 이해한다는 것에 대해서 조금만 생각해 보고 이 이야기를 마치고 싶다. 별로 정리되지 않은 이야기지만 시험 삼아 하는 논의로 받아 주면 좋겠다.

*　　*　　*

수나 수학을 이해한다는 것에 대한 물음은 실은 수학자에게도 좀처럼 파악하기 쉽지 않은 문제로 무엇으로 이해했는지에 대한 일반적인 답을 준비하는 게 쉽지 않다.

본인이 이해했다고 느끼면 이해한 것이고 이해한 기분이 들지 않으면 이해했다고 말할 수 없다. 이해한 것을 확인하기 위해 혹은 이해한 것을 돕기 위해 문제를 풀기도 하지만 이해했다고 해서 문제가 풀린다고 할 수 없고 풀려도 역시 이해한 느낌이 들지 않는 경우도 있다. 최종적으로는 본인이 이해했다고 느끼는지 아닌지가 중요하다. 따라서 주관적인 것이다. 지금 설명한 것과 비슷한 말의 반복 같은 대답이 수학자들이 가지고 있는 소박하고 공통된 인식인 것 같기도 하다.

내 계산기는 내가 숫자를 이해하는 것을 어떤 때에는 돕고 또 어떤 때는 방해도 했지만 여기에는 사람이 어떤 때 수를 이해하는 기분이 드는지에 대해서 어느 정도 시사하는 바가 있다.

음수에 대해서 계산기가 당시의 나에게 보여준 것은 다음의 두 가지이다.

(a) 기호에 의한 표시와 읽는 법이 있다.

(b) 사칙연산이 가능하며 계산 규칙에 따른다.

(a)는 −3과 같은 기호 표시와 '마이너스 삼'이라는 읽는 법에 관한 것이다. 어쨌든 각 수에 읽는 법이 정해진 기호가 부여되어 있다. (b)는 '2에서 5를 빼고, 그 후 5를 더하면 처음 시작한 2로 되돌아간다'라는 것이 그 일례이다. 식으로 쓰면

$$(2-5)+5=2$$

이며, 줄인 만큼 늘리면 원래대로 돌아간다는 연산법칙

$$(a-b)+b=a$$

이지만, a보다 b가 더 클 때도 성립됨을 표시하고 있다.

온도계로 눈을 돌리면 20℃인 곳도 −10℃인 곳도 눈금 자체는 전부 똑같은 간격으로 새겨져 있다. 눈금 위에서 −10℃에서 3℃ 올리거나 5℃ 내릴 수 있는 것은, 20℃에서 3℃ 올리거나 5℃ 내릴 수 있는 것과 똑같다. 이것은 +3이나 5와 같은 가감의 조작이 20에 대해서도 −10에 대해서도 똑같이 적용될 수 있음을 시사한다.

애매할 수 있지만 이와 같이 (a)나 (b)를 받아들이면서 '−3개의 사과'와 같은 형태로 −3을 생각하지 않고서 그런 어려운 문제는 그냥 지나쳤고, 다시 말해 의미를 부여하지 않은 채 −3이 나타내는 수를 그냥 인정하게 되어버렸다.

한편 완강하게 인정할 수 없었던 $\frac{1}{3}$은 어땠을까? 우선 계산기는 $\frac{1}{3}$을 표시하는 기능이 없다. 0.3333333이라고 표시해 버린다. 그리고 계산기 상으로는

$$(1 \div 3) \times 3 = 1$$

이 성립되지 않는다. 계산기로 이 식을 계산했을 때 돌려주는 답은 0.9999999이기 때문이다. 즉 3등분한 것을 다시 모아도 원래대로 돌아오지 못한다. 이게 치명적이었던 것 같다. 계산기에서 (a)와 (b)가 적용되지 않았기 때문에 나는 $\frac{1}{3}$에 미심쩍은 느낌을 품고 있었던 것 같다. 1 ÷ 3 =를 눌렀을 때 잠정적으로 계산기 표시 화면에 $\frac{1}{3}$이라는 표시가 뜨고, 그 후에 × 3 =가 1이 되었더라면 나는 $\frac{1}{3}$이라는 수를 이해했다고 느꼈을지도 모른다. 왠지 그런 기분이 든다.

*   *   *

수학이나 고등수학을 학습할 때 새로 나온 개념에는 기호와 읽는 법이 나온다. 그리고 그것을 확인할 수 있는 방법으로 수나 식이라면 사칙연산 계산, 도형이라면 이동시켜 겹치기, 자르기, 붙이기 등을 해 보는 연습이 반드시 있다. 그러한 활동 역시 수학적 대상을 이해하기 위해 지나칠 수 없는 과정을 통해 개념을 이해하는 중요한 작업인 셈이다.

PART

5

어린이의 세계

여기서 시곗바늘을 조금 돌려야겠다. 아이와 수학에 대해 생각하게 된 첫 번째 계기를 이야기하고 싶다.

세계관

어린 아이가 수나 양을 인식하는 방식은 어른들이 그것을 파악하는 것과 크게 다르다는 이야기가 있다. 심리학자 장 피아제(Jean Piaget, 스위스, 1896~1980)에 의해 밝혀진 이야기를 우선 간단히 소개해 보려고 한다.

*　　*　　*

어떤 그릇에 담긴 물을 다른 형태의 그릇에 옮겨 담아 보자. 그렇게 해도 물의 양이 변하지 않는다는 것은 어른들로서는 의심할 바 없는 아주 뚜렷한 사실이다(그릇에 남아 있는 약간의 물방울 등은 무시한다). 그러나 아마도 서너 살 정도의 아이는 그렇게 생각하지 않는 모양이다. 아이들은 물을 여러 용기에 옮겨 담으면 양이 늘거나 줄어든다고 생각한다.

물건을 세는 단위인 개수에 관해서도 비슷하다. 그림처럼 아무렇게나 늘어놓은 해바라기 씨앗 개수를 알고 싶다고 하자.

어떤 순서로 세어 보아도 상관없지만 예를 들면 왼쪽부터 세었더니 9개, 다음에 오른쪽부터 세니 가령 8개가 나왔다고 하자. 이럴 때 어른이라면 당연히 개수를 셀 때 무언가 잘못됐다고 생각할 것이다. 그러나 이러한 자연스러운 생각의 흐름도 어느 시기까지의 아이한테는 해당하지 않는다. 셀 때마다 개수가 달라져도 문제가 있다고 생각하지 않는다고 한다.

왜 그렇게 될까? 어른에게는 이상하게 보이지만 다음의 설명을 들으면 납득할 수 있을 것이다. 해바라기 씨앗을 셀 때 어른에게는 세는 과정과는 관계없이 결과인 개수 자체는 정해져 있다는 전제가 있다. 세는 작업은 당사자가 그 정해진 개수를 알기 위한 과정일 뿐이다. 그러나 유아기의 어린 아이에게는 세는 행위에서 분리된 수란 존재하지 않는다. 무언가를 셀 때만 수가 존재하는 것이다. 그러므로 세는 행위에 따라 그때그때 정해지는 수가 셀 때마다 바뀌었다고 해도 특별히 문제는 없는 것이다.

물의 양도 사정은 비슷하다. 아이가 어느 정도 자랄 때까지는 어떤 용기에 담았는가 하는 것과 무관하게 동일한 물 자체의 양이라는 추상적인 인식이 없다.

비슷한 예를 달리 들면 네 살 정도 되는 어린이가 생각하고 있는 기하학에서의 직선이란 두 점을 연결하는 최단 거리라고는 할 수 없다. 길의 길이가 걷는 행위와 관계없는 길 그 자체의 속성이란 인식은 아직 없는 것이다. 그러니까 두 지점으로 이어진 곧은 길과 구부러진 길을 보여주며 "어느 쪽이 짧지?"라고 물어보아도 "걸음걸이에 따라 다르지!"라고 답한다.

*   *   *

어린 아이의 이러한 인식은 어른들 사이에서 통용되고 있는 것과는 조금 다르지만 중요한 것은, 그 인식 자체는 일관성 있게 세계관을 구성하고 있다는 것이다. 그리고 아이의 자발적이고 무의식적인 많은 배움 속에서 그것이 점점 어른들이 알고 있는 개념에 가까워진다. 어른은 세는 방법과 관계없이 씨앗의 개수는 일정하며 이는 씨앗이 어떻게 놓여 있는가와는 관계가 없다는 것을 안다. 이것은 주변 어른들이 고쳐 주거나 가르치려고 했던 것이 아니라 누구나 겪는 성장 단계에서 스스로 발견하고 배운 것이다.

책을 읽고 이 이야기를 알게 된 후 나는 매우 신선한 인상을 받았다. 몇몇 지인에게 이 사실을 말했을 때, 물의 양과 관련하여 당시의 생각을 기억하고 있다는 사람이 있었다.

M 씨 본인이 들려준 이야기로는 '담는 그릇에 따라 물의 높이는 변하는데 물의 양이 같다는 것에 의문을 느껴서 어른들은 이상한 말을 한다고 생각했다', '다른 컵에 옮겨 담으면 양이 늘거나 줄거나 한다는 재미를 이해해 주지 않아 씁쓸한 기분이 들었다'라고 했다. 당시의 기억이 없는 나에게는 이것도 놀라운 이야기였다.

씁쓸하다는 말을 들으면 어른으로서는 왠지 모르게 겸연쩍지만 상식적인 세계관을 이미 갖게 된 사람으로서는 상당히 주의 깊게 생각하지 않으면 이런 기분을 헤아리기 어려울 것 같다. 이 일화 역시 아이가 아이 나름대로 일관된 세계관을 갖고 있다는 것을 말해 주는 것이리라.

＊　　＊　　＊

아이가 가진 일관성 있는 세계관이란 어떤 것일까? 점점 그것에 흥미가 생겼다. 내가 어렸을 때 어떤 생각을 가지고 있었는지에 대한 기억은 이제 거의 남아 있지 않지만 어린 내 아이는 바로 그 세계관 속에 한창 살고 있는 중이다. 우리 아이의 모습에서 무엇을 감지할 수 있을까? 그런 생각으로 가능한 주의 깊게 아이의 말과 행동을 관찰하기로 했다.

그렇게 해서 점점 발견하기 시작한 것은 상상 이상으로 깊이 있는 수학적 인식과 풍부하고 매력적인 아이의 세계관이었다. 나는 예상 외로 놀랐던 일들을 '사건'이라고 이름 짓고 '사건 파일'에 모으기로 했다. 이제 이 사건 파일에는 많은 사실들이 모여 있고 이 책의 토대가 되기도 했다. 이번 Part 5와 다음의 Part 6에서는 그중에서 비교적 짧은 이야기로 내 마음에 많이 남아 있는 사건 몇 개를 소개하고 싶다.

5+1 사건

아이가 덧셈을 배운 지 얼마 되지 않은 네 살 정도쯤이었다. 아이가 덧셈에 흥미를 갖고 있어서 가끔 2+2나 1+3 등의 문제를 냈는데 그날은 "5+1은?"이라고 물어보았다. 답이 5가 넘어가니까 한 손의 손가락만으로는 해결하기에 부족한, 3이나 4처럼 세지 않아도 보는 것만으로 판단할 수 있는 수가 아니기 때문에 우리 아이에게는 새로운 문제였다.

아이는 왼쪽 손을 쫙 펴서 5를 만들고 오른손은 검지만 펴서 1을 만들었다. 여기까지는 여느 때와 같았는데 그 다음 행동이 나에게는 예상 밖의 것이었다.

아이는 오른손 검지로 왼손 엄지부터 차례로 일, 이, 삼, 사, 오라고 센 뒤 마지막으로 왼손 새끼손가락으로 오른쪽 검지를 육이라고 세고 6이라고 답했다. 어른이 5+1이라는 질문을 받으면 보통은 '5 다음이니까 6'이라고 생각하지 않을까 싶다. 하지만 아이가 그러지 않고 1부터 세기 시작한 게 신선하게 느껴졌다.

아이가 하는 방법은 멀리 돌아가는 것처럼 보인다. 그러나 '수(數)란 물건을 세는 개수이다'라는 개념으로 파악한다면 아이의 행동은 정의에 입각한 정통적인 해법이다.

- 먼저 5개와 1개를 준비하고,
- 다음에 그것을 합한 상태를 만들고,
- 마지막으로 그것을 센다.

아이는 앞의 설명과 같은 방식으로 5+1을 구하고 있다. 이것은 수와 덧셈에 대한 이 아이의 정의에 충실히 따른 방법이다.

기수와 서수

물론 '5 다음에 +1이니까 6'이라는 어른의 해법이 틀린 게 아니다. 이 두 가지 해법의 관계를 분석해 보자.

어른이 옳다고 생각하는 풀이 방법 중 하나인 이 해법을 '5까지는 다 센 상태를 가정하고 그다음부터 센다'라고 해석할 수 있다. 이는 어린이가 푸는 과정을 능숙하게 생략하고 있는 셈이다.

좀 더 심도 있는 사고방식으로서 이 풀이 방식은 수가 지닌 '기수'와 '서수'의 두 가지 성질을 이용하고 있다는 해석도 있다. 1, 2, 3…으로 이어지는 수에는 1개, 2개라는 개수를 나타내는 측면과 첫째, 둘째와 같이 순서를 나타내는 측면이 있다. 수가 전자의 뜻을 가질 때는 기수라 하고, 후자일 경우 서수라 한다.

한자 숫자 一, 二, 三이나 아라비아 숫자 1, 2, 3에 기수인지 서수인지 구별은 없다. 한편 영어에는 one, two, three와 first, second, third처럼 기수와 서수로 표현하는 단어가 따로 있다. 3월 5일에서 5는 합해서 5일간이라는 날수 표현이라기보다 달이 시작하는 첫날부터 세었을 때 오늘은 5번째라는 순서를 나타내는 수이다. 그러니까 이 5일인 영어는 five가 아닌 fifth가 된다. 영어로는 5일간은 five days이고 다섯 번째 날은 (the) fifth day이다.

일본어에서는 기수와 서수를 다르게 표현하지 않는다. 대신 '5일'이라는 것만으로는 어떤 의미인지 확실치 않을 때는 '5일간', '5일째'

라고 단어를 보충해 구별하는 구조로 되어 있다.

＊　＊　＊

단, 이와 같은 구별은 있어도 기수와 서수라는 수의 두 가지 측면은 무관하지 않다. 예를 들어 해바라기 씨앗 개수를 셀 때도 9개라는 사실을 알리면 씨앗에 어떤 식으로든 순서를 정한 뒤, 순서대로 1, 2, …, 8, 9라고 세지 않으면 안 된다.

'5 다음이니까 6'이라는 생각은 5번째 다음은 6번째라는 서수를 말하는 서수 관계에 대해서 말하고 있다고 생각하면 단순하고 알기 쉽다. 이것을 5개와 6개라는 기수의 관계로 해석한다면 '왼손 손가락이 5개이니까 마지막 손가락을 세면 5번째, 그다음 순서인 오른쪽 손가락이 6번째이므로 세어 본 손가락은 6개였다'라고 하는 것이 자세한 설명이 된다. 흐름으로 본다면

5개 → 마지막 5번째 → 다음은 6번째 → 6개

이다.

물론 우리가 평소에 이런 생각을 하지는 않으며 이런 치밀한 이치를 배울 기회도 없다. 그리고 또 이 과정이 '5 다음이니까 6'이라는 생각에 대한 단 하나의 풀이 방법인 것은 아니다. 5+1이라는 단순한 식도 해석이나 그 해석을 바라보는 방법은 다양하며 어떤 이미지를 갖고 있느냐에 따라 가장 이해가 잘 되는 설명이 무엇인지도 사람에 따라 다른 것 같다. 어쨌든 여러분은 수많은 경험을 통해 '5 다음이니까 6'이라는 덧셈 방법을 습득한 것이다.

푸는 방법은 달라질까?

원래 그렇게까지 생각했던 것은 아니지만 아이가 1부터 다시 세는 모습을 보았을 때 아이의 방법을 존중하고 싶다고 생각했다. 아이에게는 아이 나름의 정의가 있는 것 같으니 우선 1부터 세는 아이 방법을 정정하고 '5 다음이니까 6'이라는 것을 가르칠 필요는 없을 것이다. 오히려 아이가 언제 '5 다음이니까 6'이란 풀이 방법을 습득하는가 하는 쪽에 흥미가 솟았다.

깨닫기까지 얼마나 시간이 걸릴까? 이것은 조만간 자신이 알아서 깨달을 수 있는 종류의 것일까? 모르면 모르는 대로 괜찮다고 생각하는 게 좋은 방법이 아닌 것은 확실하다. 99 + 2 = 101을, '99 다음의 다음'이라고 하지 않고 1부터 다시 센다면 엄청난 일이기 때문이다. 오랜 기간 아무리 해도 이해할 것 같은 기미가 보이지 않으면 언젠가는 어른이 가르치지 않으면 안 된다. 다행히 초등학교에 입학하여 덧셈을 배우기까지는 아직 상당한 시간이 있었다. 그래서 느긋하게 관찰하기로 했다.

한동안 '이번에도 아직 모르네', '오늘도 처음부터 세고 있네'하고 먼발치서 보는 날이 계속되었다. 기간에 대한 정확한 기록은 남기지 않았으나 아이가 새로운 방식을 깨닫기까지 반년 이상 걸렸던 것은 확실하다. 어느 날 문득 보니까 '5 다음이니까 6'과 같은 방식으로 덧셈을 하고 있었다.

스스로 생각해냈는지 유치원에서 누군가에게 배웠는지는 확실하지 않다. 어쨌거나 아이가 바뀐 방법으로 문제를 푸는 것이 자연스럽게 보인다는 점이 마음에 남았다. 수나 덧셈에 대해 아이가 가지고 있는 이해의 폭이 넓어졌기 때문이라고 생각한다.

겉으로 보자면 특별할 것 없는 일이었고 또 결과적으로는 내가 이 문제에 대해 아이에게 직접 가르치지 않고도 자연스럽게 끝낼 수 있었지만 아이와 함께 수학을 생각하는 것에 대한 즐거움이나 심오함을 충분히 느낀 사건이었다. 나의 사건 파일에 실린 최초의 사건으로 내 마음속에 새겨져 있다.

*   *   *

지금은 작은아이가 네 살이 되면서 덧셈을 시작했다. 5+1의 값이 얼마냐고 물으면 양손가락으로 5와 1을 만들어서 역시 하나부터 세고 있다. 두 번째 일이라 놀라지는 않는다. 다만 작은아이는 암산으로 할 수 있는 덧셈도 있는데 3+2=5는 암산으로 할 수 있지만 4+1=5는 '손가락셈'을 한다. 묘한 상황이 재미있다.

102엔 사건

이것은 꽤 추측하기 어려웠다는 점에서 마음에 남는 사건이다. 100이 넘는 수도 어느 정도 생각하게 되었을 때, 책상 위에 동전이 있기에 10엔[7] 동전 2개를 꺼내 "얼마지?"라고 물었더니 "20엔"이라고 정답을 말했다. 그래서 이번에는 100엔 짜리 동전 2개를 보여주면서 "얼마지?"라고 물었다. 그랬더니 아이는 잠시 생각한 다음 "102엔"이라고 답했다.

---

[7] 엔은 일본의 화폐 단위로 대략 1엔은 10원, 10엔은 100원, 100엔은 1000원 정도로 계산한다.

102엔이라니? 그것은 100엔과 2엔의 합을 의미한다고 설명하고 싶었지만 잠시 참고 아이가 왜 그런 답을 했는지 생각하기로 했다. 평범한 사람은 모르면 침묵한다. 특히 아무도 재촉하지 않는 상황에서 굳이 어림짐작으로 대답을 해야만 한다고 생각하지는 않는다. 그것은 어른이나 아이나 다르지 않다. 그러니 추론이든 직관이든 뭔가 아이만의 생각이 있어서 이루어진 대답일 것이라고 생각했다.

*　　*　　*

왜 답을 102엔이라고 생각하게 된 것일까? 잠시 시간을 두고 생각한 뒤에 얻은 가설은 아이에게 있어서 '100이 2개'이니 '백 · 이'가 된 것이 아닐까 하는 것이다.

원래 숫자를 표현할 때 자연스러운 어순은 '100이 2개'이며, '2개의 100'이라고 표현하는 경우는 별로 없다. 예를 들면 입장료를 낼 때 인원수를 말하려면 '어른 4명, 어린이 3명'이라고 말하지 '4명 어른, 3명 어린이'라고 말하는 경우는 별로 없다. 이것이 일반적으로 이용되고 있는 말하기 방식이다. 그렇다면 100이 2개인 것을 200이 아닌 102라고 생각하는 것은 어린이에게 당연한 일이 아닐까?

10엔이 2개면 12엔이 아니라 20엔이라고 '정확하게' 대답해 주니 상황이 복잡하게 느껴지나 보다. 하지만 아이가 20 정도의 수는 이미 여러 번 세어 봤기 때문에 12와 20의 차이를 그냥 체감으로 알고 있으니 말하는 순서보다는 경험이 우선시 되었을 것이다.

이 가설은 나도 꽤 오래 생각한 뒤에 추측해낸 것으로 과연 사실인지 별로 확신을 가질 수 없었다. 그런데 나중에 한 어머니께서 "우리 아이에게 '100이 3개면 몇 개야?'라고 물으면 백삼이라고 대답하는데, '3이 100개면 몇 개야?'라고 물으면 삼백이라고 대답했다"라고 말씀하시는 걸 듣고 보니 내가 추측한 가설이 맞는 것이 아닌가 생각했다.

동전지갑 안에 100엔짜리 동전 3개, 10엔짜리 동전 2개, 1엔짜리 동전 4개가 있으면, 이것은 '삼백이십사' 엔이며, '백삼십이일사' 엔이라고는 생각하지 않는다. 그런데 잘 생각해 보면 말하는 순서를 따르는 것은 후자 쪽이라고 할 수도 있다. 이것이 삼백이십사 엔이 되기에는 상당한 시간과 경험이 필요하다는 사실은 틀림없다.

아이가 여덟 살쯤 되었을 때 물어봤더니 이미 완전하게 삼백이십사 엔이라고 생각하고 있었다. 이전에 '백이 엔'이라고 말한 것은 기억에 없었다. 그런 일이 있었다고 설명을 해 줘도 어째서 '백이 엔'이라고 말했는지 모르는 것 같았다. 그래도 아이가 시간을 들여 그 과정을 거치는 것은 틀림없다.

PART

6

사건 파일

아이와 수학에 대해 이야기하다 보면 때로 놀라운 발상이나 예상치 못한 오답이 튀어나온다. 나는 그런 일을 사건이라 부르고, 개인적으로 사건 파일에 모으기로 했다. Part 5에 이어서 이 사건 파일에서 내 마음에 많이 남는 사건 4개를 소개하고 싶다.

24와 42 사건

아이가 네 살이었을 때 맞이한 어느 휴일 아침의 일이다. 내가 푹 자고 있으면 먼저 일어난 아이가 '점 잇기' 놀이를 종이에 출력해서 가지고 놀고 있었다. 번호가 붙어 있는 점을 숫자 순서대로 선으로 연결해 가면 자동차나 동물 등의 그림이 완성되는 놀이다. 놀고 있는 아이를 보러 갔더니 숫자 23에서 멈춰 있었다. 24와 42가 표시된 양쪽 점이 눈에 들어왔고 어느 쪽이 23의 다음인지 모르겠다고 했다. 문득 생각나서 "그럼 24번부터 연결해야 해. 왜 그런가 하면……"이라고 설명하려 했지만 여기서 잠시 말문이 막혔다.

24와 42 모두 숫자 2와 4를 사용해서 쓴 숫자다. 표기만 보아도 뚜렷이 그 사실을 알 수 있으며 아이도 그것을 감각적으로 파악하고 있었다. 그러니까 단순히 합쳐 쓴 것이라면 어느 쪽이 앞에 오든 똑같지 않을까? 덧셈의 2+4와 4+2는 답이 같다.

＊　　＊　　＊

우리 어른들은 이 '합침'이 2와 4의 단순한 합이 아닌 것을 알고 있다. 24라고 썼을 때 여기서 2는 20을 나타내고, 24란 20과 4의 합이다. Part 1의 수학 난센스 문제에서도 다룬 주제가 자릿수 표현법이었다. 24와 42의 차이는 2와 4의 의미를 다음과 같이 나타내면 분명해진다.

$$24 = 10 \times 2 + 1 \times 4 = 10 + 10 + 1 + 1 + 1 + 1$$
$$42 = 10 \times 4 + 1 \times 2 = 10 + 10 + 10 + 10 + 1 + 1$$

이렇게 보면 둘은 확실히 다르다. 하지만 이런 건 네 살 아이에게 설명할 수 없다. 혹시 몰라 미리 말해 두면 이것을 이해 못한다고 해서 23 다음이 24임을 이해할 수 없는 건 아니다. 네 살 아이에게 맞는 지도법은 단순히 "23 다음은 24야"라고 말하는 것이고, 쉽게 설명해 줄 수 있는 아이디어는 예를 들어 21부터 30까지 수의 순서를 써서 보여주는 것이다. 우리 어른들도 모두 그렇게 순서대로 숫자를 쓰라고 배워 왔기 때문에 처음부터 이런 고도의 논리적인 설명을 이해해야만 했던 것은 아니다.

*　　*　　*

1년 이상이 지나고 나서 이 이야기에 속편이 생겼다. 역시 점 잇기를 하고 있던 아이가 출력물을 가지고 물어보러 왔다. 살펴보니 비슷한 상황이 펼쳐지고 있었고 아이는 얼굴을 보면서 "22 다음은 23이야. 32가 아니지"라고 했다. 아마도 자신이 틀리지 않고 맞았다는 것을 확인받고 싶은 눈치였다.

20, 21, 22, 23, 24, … 라는 숫자 나열은 이때에는 이미 잘 알고 있었음에도 23과 32를 늘어놓고 어느 쪽이 22의 다음이냐고 물으면 아직 조금 불안한지 23이 맞다고 정확히 말해 주었으면 하는 모양이었다.

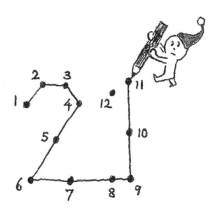

수학을 배울 때, 새로운 개념을 이해하는 데는 항상 시간이 걸린다. 예를 들면 방정식, 피타고라스의 정리, 함수, …… 등 어느 것도 배워서 바로 이해할 수 있는 개념이 아니다. 사실 수학자들의 일상생활도 이와 다르지 않고 새로운 개념과 사고방식은 항상 시간을 들여 배우고 있다. 오랜 시간에 걸쳐 자신이 개념을 체득하는 이 과정이 취학 전 아이들에게도 똑같이 일어나고 있다. 몰랐던 것을 이해하기 위해 필요한 이 시간을 확보하는 것이 무척이나 중요하다고 절실히 느낀 아이의 말과 행동이었다.

작은 아이는 세 살 중반쯤[5]이 되어서 0부터 9까지 숫자를 읽을 수 있게 되었다. 몇 달 뒤에 37을 보고 '칠삼'이라고 읽게 되었지만, 그로부터 2개월 정도 지나자 11을 '일일'이 아닌 '십일'이라고 읽게 되었다. 왠지 기쁜 듯 보였고 나에게 '십일'이라고 일부러 말하러 오기도 했다. 들어보면 12나 13도 제대로 읽을 수 있었다. 그러나 43은 계속해서 '사삼'이라고 읽었다.

10의 자리와 1의 자리 순서를 눈에 들어오는 쪽부터 읽는 것 같다. 100까지 숫자표를 붙여 준 뒤 때때로 보고 있었다. '사십삼'이라고 읽을 수 있게 되기까지 그로부터 상당한 시간이 걸렸다. 그리고 곧 다섯 살이 되는 지금 세 자리 수 364를 읽을 때는 여전히 '삼육사'라고 말한다.

---

[5] 만 나이를 표현하고 있다. 우리나라에서 아이들의 나이를 개월수로 표현하는 것과 비슷하다.

11시 1분 전 사건

큰아이가 마침 시계 읽는 법이나 시간 계산에 대해서 배우고 있을 때의 일이다. 예정된 11시보다 조금 일찍 집에 도착하자 11시가 되기 전 시각이 대화의 주제가 되었다. 나는 아이에게 "11시 1분 전이 뭐지?"라고 물었다. 그러자 아이는 잠시 생각한 뒤에 "10시 69분"이라고 답했다.

'이게 무슨 말이지?'라는 생각이 드는 대답이다. 69분이라는 존재하지 않는 시각에, 일종의 불협화음 같은 울림이 있는 오답이라는 생각이 들었다. 정답인 10시 59분이 어른에게는 당연한 것인데도, 69분이라는 것에 이상한 느낌을 받지 않는 아이는 무엇이 문제일까? 답에 이르기까지 필요한 단계를 생각해 보자. 실은 이것은 상당히 어려운 문제로 다음 3가지 단계가 필요하다.

1단계 우선 11시란 11시 0분인데, 이 0분에서 1분을 뺄 수는 없으므로 내림하기가 필요하다. 11시로부터 1시간을 빼 그

117

것을 60분으로 고친다. 즉 11시를 10시 60분으로 한다.

2단계 다음에 60분에서 1분을 뺀다. 60의 1의 자리 0에서 1은 뺄 수 없기에 다시 내림하기가 필요하다. 60인 6을 5로 바꾸고 10을 가른다.

3단계 그 뒤 10 − 1 = 9를 계산 할 수 있다. 그래서 60 − 1 = 59이다. 시간은 10시였으니 10시 59분이 답이다.

어떤가? 이렇게 분석해 보면 10시 69분이라는 답은 틀렸지만, 사고의 과정에서 완전하게 답이 아니라고 할 수 있을지 생각해 보았다. 아무래도 60−1의 뺄셈 내림하기에서 실패해서 69가 되어버린 것 같은데, 이렇게 3단계로 분석해서 보면 두 번의 반복 계산을 실행했음을 알 수 있다.

어른이 이 문제에 곤란함을 느끼지 않는 이유는 우선 시각이나 시간에 대한 수많은 경험과 거기에 근거하는 깊은 이해에 있다. 또한 60−1에 대해서는 '60의 1개 앞 숫자는 59'라는, 내림하기를 생각하지 않고 답을 찾는 방법도 알고 있다. 역시 어른의 이해는 복합적이고 입체적이므로 어린이의 것과는 비교가 안 되는 수준이다.

하지만 언어가 그렇듯이 결국엔 누구나 알게 되는 것일지라도 깨닫는 과정은 길다. 예를 들어 아이가 들었던 노래가 마음에 들어 그것을 흥얼거리고 있을 때, 숨 쉴 때나 음정 이탈 등 잘못된 부분만을 세세하게 지적한다면 아이는 어떤 기분이 들까? 노래한다는 게 어렵고 귀찮은 일이라고 느껴져서 노래 부르는 것을 꺼리게 되지는 않을까?

사람은 자신이 흥미를 갖고 있는 것, 자신에게 의미가 있다고 느낀 것은 자발적으로 시도해서 여러 번 반복한 뒤 오류나 수정할 곳을 찾아내 점차 정확도를 높여갈 수 있다. 시간에 대해 생각할 기회는 앞으로 이 아이에게 무수히 많다. 그렇게 생각하면, 모처럼 아이 자신이 생각해서 낸 대답에 대한 오류를 이러쿵저러쿵 지적하지 않아도 될 것 같다.

그것은 방임이 아니라 아이 자신이 스스로 수정할 곳이나 잘못한 곳을 잘 바로잡지 못하고 막혔을 때 함께 생각해 보고 힘이 되어 줄 수 있도록 아이의 모습을 지켜보는 것이 필요하다는 의미다.

250mm는 몇 cm일까?

큰비가 온다고 해서 아침에 TV를 켜고 일기 예보를 보니, 내일 밤까지 많으면 250mm의 비가 온다는 일기 예보가 있었다. 아이가 "250mm가 어느 정도야?"라고 묻기에 아침 식사를 하면서 아이와 단위 변환에 대한 수학 이야기를 시작했다. 우선 "250mm가 몇 cm일까?"라고 물었더니 "2cm 5mm"라고 대답한다. 그때부터 계속 아이에게서 나오는 답은 실로 오답 백화점, 오답 분석의 보고였다. 지금부터 아이의 오류에 근거하여 이 문제의 어떤 점이 어려운지를 분석해 보고 싶다.

*   *   *

먼저 주변에 있는 물건들의 길이를 생각할 때, m · cm · mm라는 3종류의 단위가 있다는 점이 어려울 것이다. 3종류의 단위가 있다면 그것들 사이의 관계도

$$1m \ = \ 100cm$$

$$1cm \ = \ 10mm$$

$$1m \ = \ 1000mm$$

로 3개가 된다. 단위가 2종류밖에 없다면 그것들의 관계는 1개뿐이 겠지만 관계가 여러 개 있는 경우에는

- 단위의 관계를 파악한 뒤에
- 지금 사용해야 하는 관계가 어떤 것인지 바르게 선택한다

라는 단계가 필요하므로 아이에게 크게 어려워진다.

250mm가 난데없이 '2cm 50mm'가 되어버린 이유는, 요컨대 250cm＝2m 50cm라는 미터와 센티미터 관계와 헷갈린 것이다. 키를 나타낼 때 120cm를 1m 20cm라고 표현하는 등 m를 cm로 바꾸는 것 에 익숙해져 있기 때문에 그렇게 연결된 것이다.

최근에 배운 1cm＝10mm라는 관계는 익숙하지 않아서 잘 기억

이 나지 않는 것 같다. 가까이에 있는 자를 자세히 보고 그럭저럭 떠올리긴 하지만 여전히 1m = 100cm라는 지식이 사고를 방해하여 생각하는 속도나 정확도를 떨어뜨리고 있다. 50mm = 5cm를 떠올리는 것은 가능해도 100mm = 100cm가 되거나, 100mm = 10cm는 떠올려도 200mm = 100cm(?)가 되는 등 오답이 속출한다.

200mm = 20cm까지는 생각했지만 다음에 250mm = 70cm라는 오답이 나왔다. 250 = 200 + 50으로 나누어 생각한 뒤 200mm는 20cm로 고쳤지만 그 후 50mm는 고치지 않고 20 + 50으로 계산한 것이다.

* * *

이건 큰일이었다. 종이라도 있어서 쓰면서 설명했다면 좋았을지 모르지만 아침 식사 중이었기 때문에 대화로만 풀어야 했다. 아이는 문제를 푸는 것 자체는 싫지 않았던 것 같았고, 생각을 계속 수정하면서 많은 오답을 말한 후에 250mm = 25cm라는 정답에 도달하면서 만족스러워했다. 한참 전에 "450은 10이 몇 개나 모인 수일까?"라는

문제를 어렵지 않게 풀었기에 이 사건은 꽤 신선했다. 지금까지

① 250은 10이 몇 개나 모인 수일까?

② 250mm는 몇 cm일까?

는 대체로 비슷한 유형의 문제가 아닐까 생각했는데, 아이가 어느 시기에 이르기 전 까지는 전혀 다른 어려운 문제였다.

아이의 이 같은 반응을 보고 나면 초등학교 2학년 때 배우는 L와 dL의 변환도 교육적 의미가 있다고 생각한다. dL는 일상생활에서는 쉽게 볼 수 없는 단위이지만 두 단위의 관계가 1L = 10dL로 지극히 단순하고 1dL 자체도 쉽게 느낄 수 있는 양이다. mL가 나오면 3자 관계가 되어 어려워지므로 L와 dL만으로 생각하는 것이 처음 학습할 때 더욱 적합할 것 같다.

이 일이 있고 나서 2년이 지난 지금 아이는 $1m^2 = 10000cm^2$나 $1km^2 = 1000000m^2$, $1ha = 100a$ 등의 넓이 단위 변환 문제를 두고 고군분투 중이다.

11×11과 12×12 사건

곱셈이 어느 정도 익숙해져서 예를 들어 6×3이란 6이 3개 있는 상황이라는 식의 의미를 조금씩 알아가기 시작할 무렵이다.

그 무렵 아이가 좋아하는 곱셈의 '식'은 $11 \times 11 = 121$이었다. 구구단표에는 실려 있지 않으며 간단하게 답을 말할 수는 없다. 할머니께 물으니 가르쳐 주셨고 아이는 이 숫자 나열에 매우 개인적인 친밀감을 느낀 듯했다. 이야기를 들어 주는 어른을 발견하면 "11×11은 몇일까요?"라고 묻고, "음……"이라고 망설이면 "나는 알지, 답은 백이십일!"이라고 답한다. 그러면 어른들이 계속해서 기특해하는 반응을 하는데 그건 정해진 흐름이다.

답을 외우고 있을 뿐이니 조금이라도 다른 문제를 내면 대답하지 못할 것이라고 생각하고 있었기 때문에 나는 이 대화의 다음은 생각하지 않았다. 그런데 아이가 할아버지(나의 아버지)와 이 대화를 할 때, 할아버지는 "그럼 12×12는 답이 어떻게 되지?"라는 질문으로 이어가셨다. 조금 심술궂은 질문이라고 생각했지만 아이는 내

예상과는 반대로 진지하게 생각에 잠겼고 약간 뜸을 들이다가 "백이십삼······인가?"라고 답했다.

12×12의 정답은 짝수가 되어야 하는데 홀수라는 지점에서 이미 틀린 답이다. 그런데 도대체 어떻게 생각하면 123이라는 답이 나온 것일까?

*　　*　　*

수학자도 수(數)를 생각하는 것 자체를 좋아하는 사람과 구체적인 수에는 별로 흥미가 없는 사람으로 나뉜다. 나는 전자 유형으로 그런 사람에게는 금방 감이 오는데 이 123은 121+2이다. '11×11'에서 2개의 11이 모두 12가 되어 둘 다 1씩 늘었다. 그러니 아이는 답이 2가 늘었다고 생각한 것 같다.

물론 틀렸다. 이른바 '푸는 과정'의 문제이고 어른은 그것을 경험적으로 알고 있다. '둘 다 1씩 늘면 답은 2가 증가한다'라는 것은 덧셈일 때 해당된다. 곱셈은 다르다.

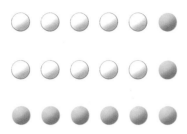

5×2는 10이다. 그러면 5와 2를 1씩 늘린 곱하기 6×3은 10을 2만큼 늘린 수가 답이 될지 생각해 보면 그렇지는 않다. 위에 그림을 그려 보면 +2가 아닌 것을 시각적으로 확인할 수 있다.

흰색 동그라미는 5×2이고 초록색 동그라미는 6×3이 되어 늘어난 부분이다. 초록색 동그라미를 세면 +8인 것을 알 수 있는데, 초록색 동그라미의 수가 +2가 아니고 더 많기 때문에 사실 셀 것도 없이 틀린 것이 분명하다.

여담이지만 중학교 수학을 사용하면 일반적인 패턴을 서술할 수 있다. 1씩 더해진 수의 곱 (a+1)(b+1)이라는 식을 전개하면

$$(a+1)(b+1) = ab + a + b + 1$$

이다. 따라서 원래의 곱 ab에서 a+b+1만큼 늘어난 것을 알 수 있다. 앞의 8은 5+2+1에서 나왔다.

*　　*　　*

하지만 아이가 이렇게 유추하는 것을 바라보는 게 재미있었다. 6×3은 6+6+6, 즉 곱셈을 배울 때 거듭하여 더하기(덧셈 반복)로 배우니까 학습 초기 단계에서 덧셈과 곱셈의 혼란이 일어나는 것은 당연하다는 생각도 든다. 여기서도 "아니지"라며 정식 논리를 설명하면서 아이의 직관을 배제하고 정정해 버리는 것이 아니라 아이 자신이 먼저 자신의 원시적인 직관에 근거해 여러 가지를 탐색하다가

$$1^2 = 1 \qquad 11^2 = 121 \qquad 111^2 = 12321 \qquad 1111^2 = 1234321 \qquad 1111111111^2 = ?$$

모순에 부딪쳤을 때, 그 모순을 여유롭게 바라볼 수 있도록 살며시 격려하는 것이 좋을 듯하다.

1년 정도 지나서 아이들이 좋아하는 숫자의 곱셈으로 $12 \times 12 = 144$, 그리고 $13 \times 13 = 169$가 더해졌다. 수를 좋아하는 내 기질이 조금 유전되었는지 모르겠다. 더 늘어날까 생각했는데 $14 \times 14 = 196$이고, 169와 196의 숫자 나열을 헷갈려 하는 듯해서 여기서 곱셈 암기는 끝났다.

약간의 이론이나 패턴이 있기에 $11 \times 5 = 55$, $11 \times 8 = 88$이 되는 등 '11단'도 재미있다고 제안해 봤는데 아무래도 이해하기 어려운 것 같다. 수학 학습은 역시 시간이 걸리는 일인 듯하다.

PART

7

곱셈의 순서와 종류

곱셈의 순서 문제

초등학교에서 3×5를 5×3이라고 써서 틀릴 때가 있다. 이를테면 이런 문제를 생각해 보자.

1 **5개의 접시에 떡이 각각 3개씩 담겨 있다. 떡은 전부 몇 개일까?**

답은 15개인데, 식을 $5 \times 3 = 15$라고 쓰면 답은 맞지만 식은 틀린다. 맞는 식은 3×5이다.

왜 틀릴까? 5×3이란 5가 3개인 것, 즉 5×3이란 $5 + 5 + 5$이고, 떡이 3개씩 담긴 접시가 5개인 1의 상황과는 다르다. $3 + 3 + 3 + 3 + 3$을 나타내는 3×5가 더 맞는 식이라는 설명이다.

곱셈의 답은 어느 쪽을 먼저 쓰든 같고 $a \times b = b \times a$이다. 이것은 교환법칙이라고 하여 구구단을 배우기 시작하는 2학년 때[9] 바로 배

---

[9] 이 책의 학년은 일본의 교육과정을 기준으로 한다. 국내 교육과정과 비슷한 부분도 있지만 다소 다른 부분도 있을 수 있다.

운다. 교환법칙을 당연한 전제로 인정하는 입장이면 5×3과 3×5를 구분하여 한쪽이 정답이고 다른 한쪽이 틀렸다고 선을 긋는 것의 의미를 알 수 없게 된다. 그리고 이건 부당한 채점이 아닐까 하는 논란이 생긴다.

지금까지 이 책에서는 아이가 수학을 푸는 모습을 보며 수학에 관해 궁리해 왔다. 이번에는 수학 자체에 초점을 맞추고 곱셈에는 순서가 있는가 하는 물음을 고려하면서 곱셈의 개념을 분석해 보고 싶다. 실제로는 곱셈이라고 한마디로 말해도 그 개념은 상당한 넓이와 깊이를 가지고 있기 때문에 초등학교에서도 2학년에서 6학년까지 학습하며 시간이 흐름에 따라 서서히 어려워진다. '초등학교 수학은 곱셈만 잘 알면 된다'라고 말하는 것이 지나치게 보일지도 모르지만 꽤 광범위한 학습 내용의 주제가 곱셈에 대한 올바른 이해에 맞춰져 있다.

광범위하다고 해도 '상호 관련이 없는 다양한 곱셈'이 흩어져 있는 것이 아니라 고차원적인 시각에서 통합되어 '하나의 곱셈'이라고 생각할 수 있는 체계를 이루고 있다. 그러나 우리는 갑자기 통합된 고도의 곱셈을 배우지는 않는다. 그래서 배움의 시작부터 통합까지의 과정을 따르고 싶다. 개념을 분석하기 위해 이전보다 다소 치밀한 논의나 고찰이 포함될 것이다. 좀 꼼꼼하게 읽어 주면 고맙겠다.

곱하는 수와 곱해지는 수

출발점으로 '곱셈에서는 곱하는 수[= 승수, 乘數]와 곱해지는 수
[= 피승수, 被乘數]에 구별이 있는가?'라는 물음을 생각해 보자. 예
를 들어

② 물 2L의 3배는 몇 L인가?

라는 문제를 생각해 보자. 답인 6L의 6을 구하는 계산은 식으로 쓰
면 2×3이지만 여기서 '2L'와 '3배'의 성질은 크게 다르다. 한마디로
'2L의 3배'는 의미를 갖지만 '3의 2L배'는 의미를 갖지 못한다는 차
이가 있다. 이런 의미로 ②에서 2L의 2는 곱해지는 수, 3배인 3은 곱
하는 수라고 구별할 수 있다.

2L와 3배라는 성질 차이를 좀 더 분석해 보자. 일단 2L에서 2는 L라는 부피의 단위에 근거하여 정해진 수이다. 부피의 단위는 그 밖에 온스(oz) · 파인트(pint) · 되 등 다수가 있다.

같은 부피라도 단위가 바뀌면 다른 수로 표시된다. 2L는 1.1되 정도이다. 반면 3배의 경우 '물의 양을 3배로 하기'라는 작업은 단위 선택과는 관계없이 정해져 있는 것이므로 주의하자. '이 물보다 3배의 물이 필요하다'라고 말하면 그것은 '이 물'의 양을 단위로 사용해서 수치로 나타내지 않아도 의미를 이룬다.

'배'라는 것은 '2배의 5배는 몇 배인가?'라는 문제도 성립하게 한다. 답은 10배로 여기서 $2 \times 5 = 10$이라는 곱셈으로 나타낼 수 있다. 한편 2L와 5L로 곱셈은 할 수 없다. 이런 의미에서 부피와 배수[倍] 계산에 들어있는 체계는 다르다. 둘 다 더하는 것은 가능하다. 예를 들어 '2L와 5L를 합해 7L', '2배와 5배를 합하면 7배'는 둘 다 의미를 가지고 있다. 즉 둘의 차이는 부피는 더하기만 가능하고 배수는 더하기와 곱하기 모두 가능하다는 점이다.

그런데 곱셈은 모두 ②와 같은 것일까? 이번에는

③ 세로 2cm, 가로 3cm인 직사각형의 넓이는 몇 cm^2인가?

라는 문제를 생각해 보자. $6cm^2$에서 6을 구하는 식은 역시 2×3이지만 ②와 다르게

$$(세로 길이) \times (가로 길이) = (넓이)$$

라는 의미이다.

위 식에서는 어느 쪽이 곱하는 수이고 어느 쪽이 곱해지는 수라는 것은 없다. 넓이를 구하는 식은 (세로 길이)×(가로 길이)와 (가로 길이)×(세로 길이) 중 어느 것이 옳은지 물어도 곤란하고 애당초 직사각형의 가로와 세로는 직사각형을 놓는 방향에 따라 변한다. 따라

서 이 경우의 2cm와 3cm인 2와 3에 곱하는 수와 곱해지는 수에 대한 구별은 없다.

두 가지 예를 들었는데 곱셈에도 종류가 있어서 그것을 무시하고 '곱하는 수와 곱해지는 수에 구별이 있는지'에 대해서 일률적으로 답할 수 없을 것 같다. 곱셈에는 도대체 어떤 종류가 있을까?

곱셈의 종류는?

여기서부터 곱하는 수를 승수(乘數), 곱해지는 수를 피승수(被乘數)라고 부르기로 한다. 초등학교에서 배우는 범위 중 곱셈에는 어떤 종류가 있는지 다시 생각해 보고 싶다. 수 계산이 2×3이 되는 문제 ②와 ③ 2개를 생각했는데 몇 개의 예시를 더 들어보았다(表1). 식이 2×3이 되는지 확인하면서 읽어 주기 바란다.

이러한 2×3에서 승수와 피승수의 구별이 가장 명확한 것은 Ⓒ와 Ⓓ이다. 거꾸로 전혀 구분할 수 없는 것은 Ⓖ와 Ⓗ이다. 이 문제들을 분류하면 대략 Ⓐ와 Ⓑ/Ⓒ와 Ⓓ/Ⓔ와 Ⓕ/Ⓖ와 Ⓗ인 4그룹으로 나눌 수 있다. 각 그룹에 대해 분석해 보자. 해석에 따라 나누는 방법은 또 있을 수 있다. 뒤에 보충할 예정이다.

여러 가지 (2×3)

Ⓐ 고기만두와 김치만두가 각각 1개씩 들어있는 세트 상자가 3개 있다. 만두는 총 몇 개인가?

Ⓑ 학이 3마리 있다면 다리는 전부 몇 개인가?

Ⓒ 물 2L의 3배는 몇 L인가? (②와 동일)

Ⓓ 2km의 3배 되는 거리는 몇 km인가?

Ⓔ 시속 2km로 여유롭게 3시간 산책했다면 총 몇 km를 걸었을까?

Ⓕ 1m당 2g인 실이 3m 있다면 무게는 몇 g인가?

Ⓖ 세로 2cm, 가로 3cm의 직사각형 면적은 몇 cm²인가? (③과 동일)

Ⓗ 청소를 하는데 1명이 1분이면 할 수 있는 청소의 양을 '1클린[10]'이라 할 때, 2명이 3분 동안 끝낼 수 있는 청소는 몇 클린일까?

---

[10] '클린'이라는 단어는 실제 단위가 아닌 1명이 1분 동안 할 수 있는 청소의 양을 표현하기 위해 만든 임시적인 단위이다.

하나씩 세기와 거듭하여 더하기

고기만두와 김치만두가 각각 1개씩 들어있는 세트 상자가 3개 있으면, 만두 개수는 2+2+2이다. 이와 같이 2의 3개분을 2×3으로 표시한다. 곱셈의 개념은 우선 이와 같이 같은 수가 여러 개 있을 때의 총합을 나타내는 것으로 배우기 시작한다. 덧셈의 반복이라는 의미에서 거듭하여 더하기[누가, 累加][11]라고 한다. 반복되는 만두의 개수 2가 피승수, 세트 상자의 개수 3이 승수이다. 이것을 곱셈의 정의라고 하면 3×2란 3+3인 것으로 2×3과 정의는 다르다.

앞서 말했듯이 1과 B는 같은 형식의 문제이다. B를 생각했을 때, 3이 먼저 눈에 들어와서 3×2이라고 쓰면 틀린 식일까?

*   *   *

실제로는 곱셈의 순서 문제에 대해서 맞는지 틀리는지 정면으로

---

[11] 누가(累加)는 같은 수를 계속해서 더하는 수학적 용어이다.

'정론'을 따져 보면 틀렸다고 보는 편이 타당하다.

이렇게 직사각형 모양으로 놓인 ●의 개수는 3+3이기도 하며, 2+2+2이기도 하다. 따라서 3×2=2×3이다. 곱셈을 배우는 초등학교 2학년 단계에서 a×b=b×a를 알려 줄 때는 이런 식으로 설명한다. 곱셈에 가로·세로로 배치된 그림이 나오면 a×b와 b×a의 구별은 모호해진다. 이 정의에 입각하여 3×2라고 주장해도 이치에 어긋나지 않는다고 보는 것이 이 식을 맞다고 보는 입장이다.

게다가 3×2 식이 맞다고 보는 입장에서는 학이 3마리이면 오른발 3개, 왼발도 3개니까 3+3도 의미가 있다는 논리도 있다. 하기야 학에 오른발, 왼발이라고 하는 것은 사람에 따라서는 억지스럽다고 생각할 수도 있고, 학의 다리를 그렇게 보지 않는다고 말할지도 모른다. 그러나 같은 유형의 문제 Ａ에는 3+3에 보다 명확한 의미를 말할 수 있다. 2+2+2는 한 상자에 2개씩이라는 의미이지만, 3+3은 고기만두와 김치만두 3개씩이라는 의미로 해석할 수 있다. 손님 입장이라면 상자 3개를 산다고 생각할 수도 있지만 제조자 입장에서 명백히 '고기만두 3개와 김치만두 3개'라는 시점도 있을 수 있다. Ⓐ와 Ⓑ는 구체적인 설정만 다를 뿐 수학 문제로 구별하는 것은 자연스럽지 않기 때문에 Ⓐ에서 3+3이 맞을 경우 Ⓑ에서 3+3이 맞지 않는다는 것은 일관성이 없다.

하기야 Ⓑ에 3×2라는 식을 써버리는 아이가 이 같은 의미를 생각한 후에 3×2라고 쓰는 일은 기본적으로 별로 없다. "곱셈 단원 문제라 숫자만 보고 아무 생각 없이 곱했다"라고 말하는 것이 대부분이다. 따라서 의미를 다시 생각하도록 유도하기 위한 수학 지도법의 일환으로 생각하고 '틀렸다'고 해야 한다는 것이 정당하다고 보는 쪽의 설명인 듯하다. 그리고 Ⓐ의 문제를 고기만두와 김치만두로 만든 것은 3+3의 상황을 쉽게 가정하도록 하기 위한 나의 '전략'이며, '거듭하여 더하기'로 곱셈을 설명할 경우 사실 그런 구별 없이 같은 종류의 만두라고 얘기해야 한다.

순서 문제에 대해서 내 개인의 견해를 말하자면, 식의 순서로 답을 틀리게 하는 것은 아이에게 잘못된 메시지가 전달되어 폐해를 낳을 가능성이 있기 때문에 걱정된다. 물론 나 역시 식을 틀리게 쓰지 않는 편이 좋다고 생각한다. 그러나 여러 가지 상황이 있는 가운데, 각 상황에 따른 지도 방식의 적절함에 대해서는 실제 상황을 무시하고 일률적으로 논하는 것도 어렵다고 본다.

어쨌든 곱셈을 '거듭하여 더하기'로 정의한 단계에서는 2×3은 $2+2+2$이고 3×2는 $3+3$이므로 정의가 다르다는 것만은 주의하자.

보충 : 어순과의 관계

덧붙여서 2×3이 $2+2+2$라는 개념은 세계 공통은 아니다. 영어권에서는 3×2가 $2+2+2$를 의미한다. 신경 쓰이는 사람도 있을 거라고 생각하기에 설명해 두는데 그 이유는 단순하고, 그것은 각 언어에서의 어순이 원인이다. $2+2+2$는 일본어(한국어도 해당)로는 '2가 3개'지만 영어로는 'three twos'로 3이 먼저 온다. 어순에 맞게 식을 쓰기 때문에 언어권에 따라 식이

달라질 수 있다. 예를 들면 육상경기에서 4명의 계주 주자가 100m씩 뛰는 것을 4×100m로 표기하는(100m×4라고 표현하지 않기 때문에 익숙해지지 않은 동안은 조금 위화감을 느낀다) 이유는 이것이 영어 어순에 근거하기 때문이다.

연속량과 배수

C 물 2L의 3배는 몇 L인가?

D 2km의 3배 되는 거리는 몇 km인가?

C, D도 단위를 떼어 내면 2+2+2, 즉 2×3인 상황이다. 어떤 의미에서는 A, B와 가깝다. 그러나 C 또는 D에서 3+3으로 표현하면 이건 좀 식이 이상하게 느껴지지 않는가? 해석이 불가능하지는 않지만 아무래도 억지스러운 설명이 될 것 같기는 하다.

Ⓐ, Ⓑ, Ⓒ, Ⓓ는 각각 2개, 2개, 2L, 2km의 3배라는 것이 공통점이지만 2L나 2km의 2는 Ⓐ, Ⓑ 같은 구체적인 물건의 개수인 2와는 조금 다르다. 2L도 '1L가 2개인 분량'이고 2L의 2는 1L라는 부피 단위를 인위적으로 설정한 후에 정해진 수라는 점이 다르다.

이 인위적인 단위 설정은 소수 개념과 잘 통하고 표시된 표현과 의미가 일치한다. 1.1L나 1.1km는 자연스럽고 의미가 명쾌하지만 만두 1.1개라고 하면 어떤 생각이 들까? 0.1개는 1개의 만두를 10개로 똑같이 나눈 것 중 1개로 해석할 수는 있지만 보통 1개의 만두를 10등분 할 기회는 흔치 않다. 또한 학의 다리가 1.1개라 하면 무슨 말인지 짐작이 되지 않는다.

1.1L나 1.1km의 경우 이런 문제는 없다. 그것은 원래 1L라는 부피나 1km라는 거리에 특별한 의미가 없기 때문이다. 앞에서 말했지만 부피라면 'L' 이외에, 예를 들면 '되'라는 단위가 있다. 1L는 약 0.55되이며 1되는 약 1.80L이다. 단위는 인위적으로 설정할 수밖에 없기 때문에 세계 각지에 여러 가지 단위가 있으며 각기 다른 단위는 소수를 활용하여 서로의 단위로 변환해서 쓸 수 있다. 2L나 2km

143

의 2는 각 단위에 지정된 기준에 따라 정해진 숫자이다. 둘을 구별하기 위해 물건을 하나씩 세는 개수(個數)는 이산량(離散量), 부피나 거리, 무게 등의 양을 연속량(連續量)이라 부른다.

이러한 Ⓒ, Ⓓ의 경우 '2가 3개'에서 '3이 2'로 전환하는 것은 개수를 묻는 문제인 Ⓐ, Ⓑ보다 생각하기 어려워진다. 이런 의미에서 Ⓒ와 Ⓓ는 승수와 피승수의 구별이 명확하다.

소수의 곱셈·비율

초등학교 고학년에서는 소수나 분수의 곱셈을 다루게 된다. Ⓒ, Ⓓ 같은 연속량의 배수는 곱셈 개념을 소수나 분수를 포함한 것으로 확장해 나갈 때 의미를 이해하는 좋은 모델이 된다.

1.1×3에 대한 설명으로 '1.1개 만두의 3배는 3.3개'와 '1.1L 물의 3배는 3.3L'를 비교하면 후자 쪽이 의미가 명쾌하다. '2km의 0.3배는 0.6km'인 것도 의미가 분명하다. 식은 $2 \times 0.3 = 0.6$이지만 학 다리를

두고 '학 0.3마리 만큼의 다리 개수는 0.6개'라는 표현은 상당한 무리가 있다.

0.3배와 같은 배수는 비율과 비를 나타내는 배수로 초등학교 고학년에서 비로소 다루는 고도의 개념이지만 양을 비교해 '2.2배의 거리', '0.7배의 무게'라는 표현 등은 이미 일상생활에서도 널리 이용되고 있다.

백분율도 이러한 것 중 한 형태이다. 1개에 100원인 상품이 20% 할인되었다면 가격은 80원이다. 식은 100×0.8이다. 100원의 80%을 계산할 때 식을 0.8×100으로 세우면 답은 일치한다고 해도 이해하기 어렵다는 느낌을 부정하지는 못할 것이다.

왜 0.8×100을 알기 어렵다고 느낄까? 이런 경우가 승수와 피승수의 구별이 있는 곱셈이다. 100원이 피승수이며 0.8이 승수이다. 강조해 두면 곱셈식을 쓸 때 '피승수를 왼쪽에, 승수를 오른쪽에 쓴다'라는 것은 일종의 관용적인 표기이며 반드시 따라야 하는 수학적인 규칙은 아니다. 하지만 우리가 보기에 그 관용 표기 100×0.8은 일본어(한국어 포함)의 자연스러운 어순에 따른 '100원의 80%'인 것이기 때문에 친숙하게 느껴진다. 0.8×100이면 '단가 0.8원인 부품이 100개 있을 때의 금액'과 같은 상황이 오히려 상상하기 쉬울 것이다.

* * *

아이는 어떻게 생각할까? 마침 소수 덧셈을 배우기 시작한 우리 아이에게 0.2×3과 3×0.2의 답을 무엇이라고 생각하는지 물어보았다. 먼저 0.2×3을 묻자 아무렇지도 않게 0.6이라고 답했다. 0.2+0.2+0.2로 간단히 계산할 수 있었을 것이다.

그래서 "그럼 3×0.2는?"이라고 물어봤더니 아이는 갑자기 엄청 짜증이 난 듯했다. 전혀 이해를 못 하는 것 같았고 몇 초도 지나지 않아 "……몰라!"라는 답이 돌아왔다. 잠시 생각하도록 두었더니 아마도 '3의 0.2개'와 같은 이미지를 떠올리는 것 같기는 했는데 여기서부터 어떻게 하면 좋을지 모르는 채로 끝났다. 교환법칙에서 3×0.2=0.2×3이니까 답은 0.6이라는 생각을 못하는 것 같았다.

3×0.2=0.6은 소수를 계산하는 순서를 알고 있으면 풀이 방법을

따라 답을 도출할 수 있지만 의미를 생각한다면, 예를 들어 다음과
같이 정리해 볼 수 있다.

3×0.2란 '3의 0.2개분'이다.[12]

→ '3의 0.2개'라는 것은 '3의 0.1개'가 2개인 상황이다.

→ '3의 0.1개'란 3의 10분의 1이고, 0.3이다.

→ 그것이 2개이기 때문에 0.3×2로 0.6이다.

물론 매번 이러한 절차를 밟는 것은 번거롭고, 당장 이런 수준까
지 정확하게 이해할 필요는 없다. 그러나 3×0.2와 같은 소수 배수에
대해 무의식적으로라도 이와 같은 개념을 어느 정도 인지하는 것은
비율이나 비례 개념을 이해하는 데에 중요하다.

이를 위해서는 3×0.2를 '교환법칙이 적용되기 때문에 0.2×3과
계산값이 동일하다'라는 내용만으로 끝낼 수는 없다. 그리고 교환법

---

[12] '0.2개분'은 약식 표현이다. 교과서에서는 정식 표현에 따라 '전체를 1로 볼 때 0.2에 해당하는 양'
과 같은 표현을 쓰고 있다.

칙에 따른 $0.2 \times 3 = 3 \times 0.2$ 자체도, 이제 직사각형 모양으로 물건을 나열하는 것만으로는 증명할 수 없다.

가령 0.2가 3개 있는 것을 3×0.2라고 써도 수학적으로는 문제가 없고 교환법칙이 무너진 것도 아니다. 이 부분에서 문제는 '0.2L의 3배'의 답을 알아도 '3L의 0.2배'의 답은 알 수 없다는 데 있다.

다음날이 되어서 아이가 3×0.2의 답을 묻기에 0.6이라고 알려주니, 왠지 내가 농담하고 있다고 생각하는 것 같았다. 이유를 물어보자 답이 3보다 작은 것은 이상하다며 무언가를 곱해서 답이 작아질 리가 없기 때문이라는 것이다. 내용을 조금 설명해 보았으나 마지막까지 반신반의하는 눈치였다. 관심이 약간 식었을 무렵에 다시 3×0.2를 물었더니 이번에는 3.6이라고 대답한다. 이건 일단 0.6이라는 답이 나왔으나 3보다 작기 때문에 역시 답이라고 믿기 어려워서, 0.6은 '증가한 부분'으로 간주하고 3+0.6으로 계산한 것 같다. 앞으로 갈 길이 멀다.

비율이나 비(比)는 추상적인 사고방식이기 때문에 간단하게 이해하지 못하고 고민하는 아이도 많다. 곱셈식의 순서 문제에 대한 기원은 이런 점 때문에 발생한 것이 아닐까?

비례

E 시속 2km로 여유롭게 3시간 산책했다면 총 몇 km를 걸었을까?

F 1m당 2g인 실이 3m 있다면 무게는 몇 g인가?

걷는 것보다 달리는 것이 빠르고 자전거보다 자동차가 더 빠른 것 등은 어린 아이도 알고 있지만 속력을 수치로 바꿔서 나타내고 표현하는 방법은 초등학교 고학년 때 배운다.

속력은 단위 시간당 움직인 거리로 나타낸다. 단위 시간이 시간이면 시속, 분이면 분속이다. 2시간 동안 36km를 이동하면 시간당 18km를 움직인 것이니까 속력은 시속 18km이다. 시속 18km는 분속 0.3km이기도 하고 초속 5m이기도 하다.

*　　*　　*

속력은 초등학교 수학의 고비 중 하나로 이 부분에서 고민하는 아이도 많다. 이해하고 나면 아무것도 아닌 것 같아도 이해하기까지는 쉽지 않다. 아마 초등학교 3학년 정도였을 때였던 것 같은데 나도 관련된 추억이 있다.

TV로 야구를 보면 화면 구석에 137km/h 같은 글자가 있었다. 그게 뭐냐고 아버지께 여쭈었더니 저건 시속 137km라고 읽고, 투수가 던진 공의 속력을 나타낸다고 했다. 시속 137km라는 게 뭐냐고 물어보니까 공의 속력이 1시간 동안 날아간다면 137km를 간다는 의미라고 했다.

그때의 나는 '공이 1시간 동안 날아간다'는 뜻을 전혀 이해할 수 없었다. 1시간이고 뭐고 공이 공중에 떠 있는 시간은 1분 아니 10초도 안 될 것이기 때문이다. 투수가 던진 공이 1시간 동안 난다는 허무맹랑한 이야기를 도대체 무슨 얼굴로 들으면 좋았을까? "날 리가 없잖아!", "그러니까 실제로는 날지 않지만 날았다 치고……." 나와 아버지의 대화는 진척이 없었고 완전히 엉망진창으로 끝나버린 뒤에 나는 한동안 이 시속 표시를 보는 것이 싫었다.

E의 답을 2×3이라는 계산으로 이끌어 낼 수 있음을 알게 된 아이가 '시속 2km란 결국 2km인 셈이군'이라고 생각한다면 어떻게 해야 할까? 그때 바로 생각을 고쳐 줄 수도 있고 그대로 둘 수도 있지만 어찌 됐든 언젠가는

- D와 E는 다른 문제
- 시속 2km는 속력을 나타내는 것이고 2km라는 거리를 표현한 것과는 다른 것

이라는 사실을 이해해야 할 것이다. 18km와 0.3km는 전혀 다른 거리지만 시속 18km와 분속 0.3km는 같은 속력이다. 아이가 속력과 거리의 구별이 잘 되지 않을 때는 둘의 차이에 대해 확실한 이해를 바랄 수 없다.

E와 F는 비례의 구체적인 예이다. 따라서 바뀌는 2개의 값 x,

151

y의 관계가 어떤 정해진 값 a에 의해서 $y=ax$로 표시될 때, y는 x에 비례한다고 하면 약간 추상적[13]으로 들리지만 실제로 비례 관계를 가지고 있는 것들은 주변에 넘친다. 예를 들면 식재료의 열량(칼로리)은 그 무게에 비례하며 휘발유 값은 넣은 양에 비례한다. 일정한 속력으로 가면 이동 거리는 시간에 비례한다는 것이 [E]이고, 일정한 실의 무게는 길이에 비례한다는 것이 [F]이다. 비례는 인간이 자신을 둘러싼 세계를 양적으로 파악하고자 할 때, 양의 관계를 이해할 수 있는 가장 중요한 기초가 되는 개념이다.

보충 : 분류의 경계

원에서 원의 둘레는 지름에 비례한다. 이 때 비례 상수가 원주율(약 3.14)로,

$$(\text{원의 둘레}) = (\text{지름}) \times 3.14$$

---

[13] 초등학교에서 정의는 조금 더 구체적으로 'x가 2배, 3배, …가 되면, 그것에 따라서 y도 2배, 3배 … 가 될 때, y는 x에 비례한다'라고 한다.

이라는 관계가 있다. 이 경우 원의 둘레와 지름은 둘 다 길이를 나타내는 것으로 원주율은 원의 둘레와 지름의 비율을 나타내고 있다고 생각하는 것도 가능하다. 앞의 식은 원의 둘레가 지름에 비례한다고 생각하면 Ⓔ, Ⓕ와 비슷하게 분류할 수 있는데, 지름의 3.14배가 원의 둘레가 된다고 생각하면 Ⓒ, Ⓓ 유형으로 구분해서 넣을 수도 있다. 분류의 경계는 이렇게 애매하고 생각하는 방식에 따라 어떤 구분에 속할지 바뀌게 된다.

Ⓐ도 만두의 개수가 상자의 수에 비례한다고 생각하면 Ⓔ, Ⓕ와 같은 구분에 넣는 것도 가능하다. '상자당 만두 개수'를 '2개/상자'처럼 표시한다면 Ⓐ 곱셈에 단위가 붙어 (2개/상자)×(3상자)=(6개)처럼 된다. 단, 일반인에게 있어서 '2개/상자'와 같은 '상자당 만두 개수'가 속력처럼 생활에서 밀접하게 사용되는 하나의 양으로 확립되어 있지 않고 Ⓔ는 곱셈의 초급 개념으로 거듭 더하기로써 다뤄지는 것이 보통이다.

이 밖의 예를 들면 Ⓔ를 Ⓖ, Ⓗ와 같은 범주로 분류하는 것도 가능하다. 이것에 대해서는 뒤에서 설명한다.

복비례[14]

$\boxed{\text{G}}$ 세로 2cm, 가로 3cm의 직사각형 넓이는 몇 cm²인가? ($\boxed{3}$과 동일)

$\boxed{\text{H}}$ 청소를 하는데 1명이 1분이면 할 수 있는 청소를 '1클린'이라 할 때,

2명이 3분 동안 끝낼 수 있는 청소는 몇 클린일까?

$\boxed{\text{H}}$는 엄밀히 말하면 초등학교 수학 범위 안에 들어갈지 생각해

봐야 할 부분이 있지만, 이것은

$$(\text{노동량}) = (\text{인원수}) \times (\text{노동 시간})$$

과 같은 형태의 곱셈이다. 곱셈을 나타내는 말에 '배(倍)'와 '곱'이 있

는데 이 곱셈은 '배'라기보다는 '곱'의 뉘앙스에 가깝다.

어떤 작업을 할 때 2명이 10분간 일하고 3명이 7분간 일한다면

---

❶ 복비례는 어떤 양이 둘 이상의 양에 비례 또는 반비례할 때를 일컫는 말이다. 예를 들어 '기체의 부
피는 압력에 반비례하고 절대온도에 정비례한다'는 보일−샤를의 법칙도 복비례에 해당한다.

(개인의 능력차는 없다고 가정하고) 어느 쪽의 노동량이 많을까? 1명의 1분당 노동량을 1이라고 하면 각각의 노동량은 $2 \times 10 = 20$과 $3 \times 7 = 21$이다. 후자의 노동량이 좀 더 많다.

어떤 작업에 여러 명이 함께할 때 만들어지는 노동량은 인원수가 일정하면 노동 시간에 비례하게 되고, 노동 시간이 일정하면 참여하는 인원수에 비례하게 된다. 이를 간단히 '노동량은 인원수와 노동 시간 둘 다에 비례한다'라고 나타내기로 한다.

z가 x와 y 둘 모두에 비례해서 결정될 때, 적당한 단위를 갖추면 $z = xy$라는 관계가 된다. 이때 곱 xy의 x와 y에 승수와 피승수의 구별은 없다. 일반적으로 여러 개의 양에 비례하다는 상황을 전문적으로는 다중선형(多重線形)이라고 부르지만, 복비례(複比例)라는 용어도 있으니 여기서는 그것을 쓰기로 하자.

그 밖에 예를 들어 화물 수송량을 나타내 보면

(수송량) = (적재 중량) × (수송 거리)

로 역시 복비례다. Ⓖ의

$$(\text{넓이}) = (\text{세로 길이}) \times (\text{가로 길이})$$

역시 복비례다. 직사각형의 넓이는 세로 길이가 일정하면 가로 길이에 비례하고, 반대로 가로 길이가 일정하면 세로 길이에 비례한다. 모두 승수와 피승수의 구별이 없는 곱셈이다.

＊　　＊　　＊

복비례는 정의가 추상적이기에 고등학교까지의 수학에서 복비례라는 용어는 등장하지 않으나, x와 y 중 한쪽을 일정하게 하면 비례관계에 있다는 것은 이따금 등장한다. 예를 들어 Ⓗ의 경우 2명이 청소를 하기로 한다면 '클린'은 시간에 비례하고 반대로 3분이라는 일정 시간에 가능한 '클린'은 청소하는 사람 수에 비례한다. 대략 5학년 수학 교과서에서 '넓이와 비례'에 관련된 항목을 넣어, 삼각형의 넓이에서 밑변 길이를 고정하면 높이에 비례하고 높이를 고정하면 밑변 길이에 비례하는 관계에 대해 접하게 된다.

또한 복비례 $z = xy$에서, z를 정수로 하면 $xy = $(일정)하게 되고, x와 y끼리는 반비례 관계가 된다. 넓이가 일정한 직사각형에서, 세로 길이와 가로 길이는 반비례한다. 정해진 '클린' 양에 필요한 시간은 청소하는 인원수에 반비례한다. 2명이 30분 걸리는 작업은 6명이면 10분에 끝낼 수 있고, 12명이면 5분에 끝날 것이다.

＊　＊　＊

복비례는 비례의 개념과 관련이 깊다. 따라서 시점에 따라 비례 E, F와 복비례 G, H의 경계도 모호해진다. E의

$$(속력) \times (시간) = (이동\ 거리)$$

를 한 번 더 생각해 보자. 앞에서는 속력을 일정하게 하면 이동 거리

가 시간에 비례한다고 파악했지만, 속력도 시간도 바꿀 수 있는 상황을 생각하면 이동 거리는 속력과 시간 쌍방에 비례하기 때문에 Ⓔ는 Ⓖ, Ⓗ와 같은 복비례로 분류된다. 2시간 동안 이동할 수 있는 거리는 속력에 비례한다. 또 6km를 걷기 위해서 걸리는 시간과 걷는 속력은 반비례한다. 단, 학습 초기 단계에서는 지금까지 반복해서 배워 온 거리나 시간과 비교한다면 속력은 상당히 추상적인 양이므로 학습 단계로 생각하면 먼저 속력을 일정하게 정하고 배워가는 것이 매끄러울 것이다.

옷감을 사러 옷감 가게에 가면 옷감이 미터 단위로 팔린다. 폭이 일정한 긴 천이 두루마리로 감겨 있고, 필요한 만큼 길이로 산다. 가격이건 용도건 길이보다는 넓이가 보다 직접적으로 관계가 있는 부분이겠지만 폭이 일정하다면 넓이는 길이에 비례하여 정해진다. 이는 (세로 길이) × (가로 길이) = (넓이)를 Ⓖ, Ⓗ와 같은 비례로 분류할 수 있음을 나타내는 예이다.

자연과학, 사회과학, 일상에서도

　비례와 복비례의 개념은 중학교 이후 이과 과목에서도 자주 등장한다. 예를 하나 들어 보자. 고등학교 화학에서는 기체의 상태방정식이라는 식을 배운다.

$$PV = nRT \qquad\qquad (*)$$

　$\boxed{\text{A}}$부터 $\boxed{\text{H}}$까지를 자세하게 분석한 후에 이 식을 보면, 마치 이것이 곱셈의 대단함과 어려움을 훌륭하게 집약한 식처럼 느껴진다.

　순서대로 P는 압력, V는 부피, n은 물질량, R는 기체상수, T는 온도이다. 어떤 영역에 갇힌 기체(실은 '이상 기체'이다. 쉬운 예로 풍선 속의 헬륨 가스 등)에 대해, 압력과 부피의 곱 PV는 기체의 물질

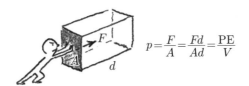

$$p = \frac{F}{A} = \frac{Fd}{Ad} = \frac{\mathrm{PE}}{V}$$

량 n과 온도 T의 양쪽에 비례하고, 즉 PV는 nT에 비례하고, 그 비례 정수가 R인 것이 상태방정식(*)이다.

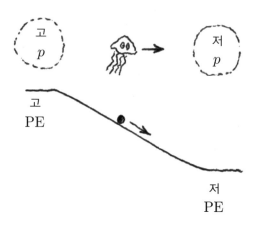

PV와 nT의 곱셈은 복비례 분류로 들어간다고 생각하는 것이 일반적이며, 이때 순서에 의미는 없다. 비례 관계를 나타내는 식 $y = ax$에 따르면, 상태방정식은 $PV = RnT$가 되겠지만, 이 단계에서 순서는 별 상관없으므로 그냥 알파벳 순서에 따라, 각각 PV, nRT로 표시하게 된다.

상태방정식(*)은 정수 R 이외의 P, V, n, T 4개 값 중 3개가 정해지면 나머지 1개 값도 정해지는 데에 이용될 수 있으며,

- 부피와 온도가 일정한 조건에서 물질량을 3배로 하면 압력이 3배가 된다.
- 온도와 물질량이 일정하다면 압력과 부피는 반비례적 관계이다.

이와 같은 내용은 양(量)의 상호 관계를 정리하여 표현하는 것이기도 하며, 포함하고 있는 내용에 깊이가 있다. 게다가 혼합 기체의 경우도 분압이라는 압력의 비례배분과 같은 개념에 따라 분석할 수 있는 등 발전성이 있다.

*　　*　　*

물질 반응이나 전류의 성질, 물체 운동의 모든 측면 등 화학이나 물리학을 중심으로 한 자연과학의 폭넓은 단원에서 (복)비례의 관계를 볼 수 있다. 이것들은 수학을 응용한 학습인 동시에 곱셈에 대한 이해를 보다 입체적, 복합적으로 발전시킨 것이기도 하다.

종합적인 곱셈에 대한 이해가 생긴 상태에서는 승수와 피승수의 구별을 신경 쓰지 않아도 문제가 되지 않으며 평소에는 잘 의식하지도 않는다. 그래서 0.2×3은 바로 대답할 수 있지만 3×0.2는 무슨 말인지 모르겠다고 하는 아이를 눈앞에 두고 나도 꽤 신선한 생각이 들었다.

자연과학만큼 결정적이지 않더라도 사회과학에서도 식량자급률이나 인구밀도 및 각종 통계량 분석 등에 비율과 비례에 따라붙는 개념이나 사고방식이 이용된다. 일상생활에서도 백분율이나 비율을 이용해서 생각해 보면, 사실을 잘 이해할 수 있는 기회가 많다.

＊　　＊　　＊

앞에서 이야기한 곱셈식의 순서 문제에 관해서 말하자면, '순서를 거꾸로 썼기 때문에 곱셈을 모른다'라고 일률적으로 단정 짓는 것은 안이한 판단이다. 한편 $3 + 3 + 3 + 3 + 3$과 $5 + 5 + 5$가 일치한다. 즉

'3이 5개'와 '5가 3개'가 일치하는 이유를 아이가 분명히 알고 있다고는 볼 수 없다. 직사각형 넓이 계산으로 0.2×3과 3×0.2에는 구별이 없지만, '0.2의 3배'와 '3의 0.2배'는 다른 개념이다.

곱셈이 중요한 역할을 담당하는 수학 단원을 생각하면, 분수 · 소수 · 넓이 · 부피 · 원주율 · 비 · 비율 · 비례 · 속력 · 단위의 변환 등을 들 수 있다. 이렇게 나열해 보니, 수학의 어려운 단원들의 대집결이라 할 수 있을 것 같다. 추상적인 두 수의 곱으로 환원까지 고려하는 것은 개념에 따라 다양하다. 순서의 문제가 아니라 곱셈을 전체적으로 어떻게 배워서 이해할 것인지에 대한 다각적 논의가 이루어지기를 바란다.

주의 ｜ 책 마지막에 부록에서 나눗셈의 구분인 등분제 · 포함제를 설명하고 **표1** 분류에 대한 전문적인 설명을 붙였다.

PART

8

이론과 방법

앨범

딸은 작은 앨범을 가지고 있는데 그 안에 인화된 사진을 모으는 것을 취미로 삼고 있었다. 앨범에 사진을 꽤 모은 어느 날의 일이다. 문득 "몇 장 더 들어갈 수 있어?"라고 물어봤다. 그랬더니 딸은 앨범에서 비어 있는 공간을 차례로 1, 2, 3, …이라고 세기 시작했다.

보기에 시트로 10매 정도의 비어 있는 공간이 있었다. 시트 한 장에 사진이 4장씩 들어가니까 시트 매수를 세고 그것을 4배하면(정확히 하면 사진이 들어있는 마지막 시트의 비어 있는 공간을 세어서 더해야 한다) 답을 알 수 있다. 곱셈을 약간 응용한 문제이다.

그러나 아이가 하나씩 세는 빈자리는 10을 넘고, 15를 넘고, 아직도 빈자리가 남아 있다. 어른이라면 시트 매수로 세고 싶어질 것이다. 그런데도 아이는 처음 방법을 유지하고 빈자리를 순서대로 계속 세고 있다. 끝까지 세어 보고 "마흔세 장!"이라고 대답했다.

이미 구구단을 배워 곱셈은 어느 정도 익힌 시기였다. 곱셈을 알고는 있어도 이런 상황에서 능숙하게 활용하는 것은 아직 아무래도 어려운 일인 듯했다.

＊　　＊　　＊

Part 7에서 말했듯이 초등학교 2학년부터 6학년까지 수학에서 곱셈이 핵심이 되는 단원은 매년 등장한다. 예를 들면 (속력)×(시간)=(거리)를 생각하는 '속력'은 고학년에서 배우는 단원으로 수학의 고비 중 하나이다. 그런 곱셈을 쉽게 이해할 수 있을 리가 없다고 생각하긴 했지만 그렇다고 해도 이 곱셈의 어려움에(곱셈의 깊이라고 해야 할까?) 대해서는 아이와 수학을 학습하면서 여러 번 절실하게 느꼈다. 이전까지는 십진법의 어려움이 눈에 띄었고 Part 1이나 Part 6에서도 이야기했지만 현재로서는 이 곱셈이 어려운 부분으로는 부동의 1위이다.

Part 7에서는 곱셈을 개념적인 관점에서 분석했는데, 여기서는 아이가 수학을 대하는 모습을 통해 곱셈에 대해 생각하고 싶다.

곱하기 10

4×10은 몇일까? 혹은 4개씩 들어있는 사탕 봉지가 10봉지 있으면 사탕은 모두 몇 개 있을까?

이것은 계산 없이 40이라고 알 수 있는 '간단한 문제'이다. 물론 어른의 관점에서 그렇다. 이제 막 구구단에 익숙해질 무렵에 우리 아이는 이를 계산하기 위해 4×9에 4를 더했다. 즉 36+4니까 40이라고 풀었던 적이 있다. 식으로 쓰면

$$4 \times 10 = 4 \times 9 + 4 = 36 + 4 = 40$$

이다. 이건 드문 일이 아니며 어느 단계까지는 이런 풀이 방법을 생각해 내는 아이가 적지 않다고 한다. 4×9까지는 구구단으로 알고 있으니 마지막에 4를 하나 더 직접 추가하면 4×10을 알 수 있다는 식으로 생각할 때의 풀이 방법이다.

10×4, 즉 4와 10을 뒤집어서 10이 4개 있다고 생각하면 40이라고 대답하는 건 아주 쉽다. 여기서 문제가 되는 것은 '4가 10개 있는 것'을 '10이 4개 있는 상황'으로 바꿀 수 있는 이유가 무엇인가이다. Part 2와 Part 7에서도 문제 삼은 곱셈의 교환법칙이다.

그림에서 ●가 세로 방향으로 4줄, 가로 방향으로 10줄 나열되어 있다. 세로로 보면 4가 10개이다. 가로로 보면 10이 4개 나열되어 있다. 그러니까 $4 \times 10 = 10 \times 4$이다.

교환법칙은 구구단에 나타나는 곱셈을 두고 실제로 이런 식으로 계산해서 2학년 즈음에 설명한다. 그러나 그것이 구구단의 범위를 넘어 어떤 곱셈이든지 성립한다는 것을 알아차리거나 그것을 필요한 상황에서 효과적으로 활용하는 것은 간단한 일이 아니다.

교환법칙은 기본적이고 중요한 법칙이며 능숙하게 사용할 수 있게 되는 것은 중요한 일이지만 이를 위해서는 반복적으로 다양한 경험을 쌓을 필요가 있다. 오히려 한 번은 $4 \times 9 + 4$의 방법으로 계산했던 아이가 10×4로 쉽게 구할 수 있다는 것을 깨닫고 감동하는 경험이 소중하게 여겨질 것이다.

3학년 수학 교과서를 펴면 이 '$4 \times 9 + 4$' 형태의 풀이 방법이 교환법칙 $4 \times 10 = 10 \times 4$를 사용하는 풀이 방법과 나란히 소개되어 있다. 아이의 생각을 배려한 것이다.

들은 이야기지만 지인의 아이가 어느 날 4×11을 4×9에 8을 더

해서 36+8로 44라고 계산했다고 한다. 11×4를 44라고 바로 아는 것도 물론 좋기는 하겠지만 이 36+8도 아주 훌륭한 풀이 방법이지 않을까?

＊　　＊　　＊

×10이 문제라면 ×100이나 ×1000도 문제가 될 것이 당연하다. 그렇게 생각하고 아이에게 질문을 한 적이 있다. 일단 5×10을 물어 봤더니 오래 지나지 않아서 50이라고 대답해서 그다음에 5×100을 물어봤다.

아이는 아무래도 잘 모르는 것 같았다. "100배는 10배의 10배이 니까…?"라고 힌트를 줘도 '50의 10배는 500'이라는 답을 좀처럼 생 각하지 못한다. "10배가 2개 있으니 50×2로 100인가?"라고 대답하 거나, 아니라고 하면 거기에다 50을 더해서 150이라고 답해 보거나 10을 더해 110으로 해 보는 등 즉흥적으로 계산해서 미덥지 않았다.

그런데 재미있게도 5×1000을 물으니 조금 후 갑자기 "오천!"이

171

라고 대답한 후에 "어? 그럼……, 오백?"이라며, 다시 물어보지 않았는데 5×100의 답도 알아채 버렸다. 완전히 이해하고 있다고는 도저히 말할 수 없지만 전혀 모른다고도 말할 수 없다. '맞다', '틀리다'로 판단할 수 없는 '회색지대' 상태이다.

이론과 방법

30×5는 답이 얼마일까?

이런 계산도 아이에게는 꽤 어려운 것 같다. 3×5와 어떻게 연결하느냐가 문제다. 돈 문제라고 생각해서 10엔짜리 동전을 사용하면 설명하기 쉽다. 30엔×5로 동전을 배열하고 이것을 '10엔짜리 동전 3개'의 5배로 생각한다. 그러면 10엔짜리 동전의 개수로 3×5가 실체화된다.

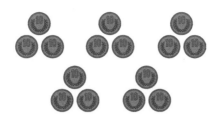

10엔짜리 동전이 15개이므로 150엔이다. 하지만 어른은 어지간히 센스가 없지 않는 한 이렇게는 잘 생각하지 않을 것이다.

예전에 아이에게 물어봤더니 1분 이상 생각한 끝에 60과 90을 더하는 방법으로 150이라는 답을 찾았다. 30+30과 30+30+30은 비교적 쉽게 계산할 수 있으니까 어떻게든 그런 방식으로 풀어보려고 노력했던 것 같다. 이런 과정을 보면서 나는 아이가 3×5와 연결 짓는 것을 어려워한다는 것을 인식하게 되었다.

*　　*　　*

1시간은 60분이다. 1분은 60초이다. 그러면 1시간은 몇 초일까? 언젠가 이 질문을 맞닥뜨리게 된 아이는 오랫동안 이 문제를 '연구'

하고 있었다.

곱셈을 사용하면 문제는 60×60을 계산해서 답을 찾을 수 있다. 일단 이 60×60이라는 식을 세우기까지 1개월이 필요했는데, 아이의 연구는 여기서 멈추고 말았다. 어떻게 계산하면 좋을지 전혀 단서가 잡히지 않는 모양이었다. 가끔 답이나 힌트를 묻는 적이 있어서 "답은 3600초야. 그럼 우선 10분이면 몇 초일까?"라고 말해 보았지만 전혀 방법이 보이지 않는 것 같았다.

풀이 방법을 알 수 없는 상태가 계속되자 우리 아이는 마침내 화가 치밀어 오른 어느 날 밤 "이렇게 되면 60을 60번 더한다!"라며 결연히 덧셈을 시작했다. 집에서 쓰는 노트를 꺼내 계산하면서 차례대로 60, 120, 180, 240,… 이렇게 쭉 써 나아갔다. 그대로 780 정도까지는 열심히 계산했는데 수도 커지고 점점 까다로워지는 부분에서 계산을 잘못해서 의욕도 잃고 말았다.

780 조금 앞에 600이 있다. 그것은 60을 10개 더했을 때이다. 그 사실을 깨달았다면 문제 해결을 위한 전환점이 되었을 것이다. 하지만 앞에 있는 아이를 보면 아직 그런 방법은 도저히 떠올리지 못하

는 것 같다. 이날은 어쨌든 도전해 보려고 했다는 점과 중간 과정까지 올바르게 계산한 것을 기뻐하기로 했다.

* * *

3개월 가까이 지났을 무렵 나에게는 조금 의외의 형태로 이 연구의 끝이 찾아왔다. 아이가 답이 3600초라는 것을 알았다고 기쁘다는 듯이 이야기하러 왔다. 어떻게 했냐고 물어보니 60×60 계산은

일단 각각의 0을 떼고

→ 6×6을 계산하고

→ 36에 떼어놓았던 2개의 0을 다시 되돌려서

→ 답은 3600

이처럼 계산하면 된다고 설명한다. 어른에게 물어보니 알려 주었던 것 같다. 그런데 어떻게 이런 방법으로 올바른 답을 얻을 수 있었는

지 이유를 물어보면 그건 또 모르는 것 같다.

그걸 몰라도 본인으로서는 해결했다고 인식하고 있다는 사실이 재미있었다. 결과로서 정답을 얻은 방식을 논리가 아닌 일종의 '방법'으로 습득한 상태이다. 수학자의 직업적 관습에 따라 이유를 모르면 아이가 이해한 느낌이 들지 않을 줄 알았는데 별로 그렇지는 않은 것 같다.

생각해 보면 인간의 '이해'는 의외로 그런 것일 수 있겠다고 생각했다. 일반적인 것으로 예를 들어 기계나 가전제품은 바르게 조작하여 원하는 만큼의 기능을 사용하게 되면 그 작동 원리는 몰라도 제품을 이해한 것 같은 느낌이 든다. 수학에서도 예를 들어 곱셈이나 나눗셈을 계산할 때 왜 그 순서대로 풀면 올바른 해답을 얻는지 완전히 이해할 수 없다고 해도 푸는 과정을 습득할 수는 있다. 그리고 그 순서대로 풀어서 틀리지 않고 계산할 수 있게 되면 곱셈 혹은 나눗셈을 이해했다고 느끼게 된다.

＊　　＊　　＊

이번 기회에 다시 한 번 30×5의 답이 어떻게 되는지 물어보았다. 150이라고 대답을 하기에 그 이유를 물었더니 3×5=15에 제외했던 0을 다시 붙인다고 막힘없이 설명한다. 2×300이든 60×60이든 문제없이 계산이 가능했다.

그런데 이후 예상외의 일이 발생했다. 우선 이 이야기를 끝낸 뒤 우연히 다른 맥락에서

$$14 \times 14$$

가 문제가 되었는데, 글쎄 아이는 "음…, 4와 4를 떼고 곱셈을 하면… 1×1은 1이니까 … 144야"라고 답해 버렸다.

틀렸다. 이 문제는 그렇게 계산해서는 안 되는 연산이다. "답은 196이야. 떼었다가 다시 붙일 수 있는 것은 0 밖에 없어"라고 말하자 아이가 눈을 동그랗게 뜨고 감탄하며 듣고 있었다.

'방법'으로 습득한 것에 대한 한계를 보여주는 것이다. 그런데 아이를 편드는 건 아니지만 이런 한계까지 포함하는 것이 '인간이 이

해하는 방법'의 전형인 것 같다.

　푸는 방법을 배우고 그것을 여러 가지 문제에 적용해 본다. 그런데 그러는 동안에 틀린 방법을 사용하고 만다. 잘못된 경험을 통해 어떤 때 사용하면 좋은지 어떤 때 사용할 수 없는지를 알게 된다. 그러나 이 단계에서 할 수 있는 것은 사용해도 좋은 상황과 좋지 않은 상황에 대해서만 알게 될 뿐 여전히 왜 사용할 수 없는지는 모르는 상태이다.

　이론과 작용 원리를 이해하면 왜 사용할 수 없는지도 알 수 있지만 왠지 대개 그런 부분은 감각에 그치는 경우가 많고 이해한다고 해도 훨씬 나중에 이루어지는 경우가 보통이다.

　이전에 30+30과 30+30+30의 합계로 150이란 답을 찾았을 때는 원리는 알았지만 효율이 나빴다. 그로부터 1년이 지난 지금, 효율적으로 답은 도출할 수 있지만 이해는 방법 단계에 멈추어 있어 잘못된 운용을 할 수도 있다. 이것은 어느 쪽이 좋은지, 처음보다 지금 실력이 정말로 나아진 건지 물으면 그다지 속 시원하게 대답할 수 없다. 그러나 이 두 가지 상태는 우열 관계라기보다 각자 가치가 있는 것이기 때문에 사람은 이러한 상태를 왔다 갔다 반복하면서 이해를 심화시켜 간다고 생각한다.

트와일라잇 익스프레스

　전차를 좋아하는 작은아이는 세 살 무렵의 어느 날 부터인가 침대 열차인 트와일라잇 익스프레스를 마음에 들어하며 도감 등에서 자주 찾아보고 있었다. 벌써 1년도 더 된 일인데 작은아이가 사진을 보면서 "트와일라잇 · 익스프레스[15]"라고 몇 번이나 소리 내어 읽고 있을 때, 그것을 듣고 있던 큰아이가 아무렇지도 않게 그 글자 수를 세기 시작했다.

　처음에는 손가락을 접으면서 10이라고 셌는데, 그러다가 '트와일라잇'과 '익스프레스'가 각각 5개의 글자로 이루어져 있다는 것을 아

---

[15] 편집자 주. 트와일라잇 익스프레스의 일본어 표기는 トワイライト · エクスプレス로 각각 6글자이지만 독자의 이해를 돕기 위해 저작권사의 동의를 얻어 한글 표기에 맞는 5글자라고 변경했다.

이가 눈치챈 것 같았다. 거기서

"트와일라잇과 익스프레스가 각각 몇 글자인지 곱셈을 사용한 식으로 말할 수 있어?"

라고 물어보았다. 그러자 잠시 뜸을 들이다가 돌아온 대답은 '5×5'였다.

아이는 그 후 얼마 지나지 않아, "어? 5×5=25네. 10인데……. 그럼, 5와 5로…. 아, 5×2인가?"라고 스스로 대답을 고칠 수 있었다. 그 옆에 있던 나는 놀라워 의자에서 떨어질 뻔 했다.

트와일라잇과 익스프레스는 각각 5글자로 되어있다. 문제의 표면에 보이는 수는 5와 5이다. 아이는 이 5와 5를 곱해서 5×5로 만들어 버린 거다. 이건 틀린 식이다. 답도 틀렸다. 트와일라잇과 익스프레스는 5글자로 된 단어가 2개 있는 것이다. 그러니까 글자 수를 곱셈을 사용한 식으로 나타내면 5×2이다. 그러나 이 '2'를 떠올리는 것이 어렵다. 그런 게 뭐가 어렵냐고 생각할지도 모르지만 개인적인 의견으로는 문제의 급소가 여기에 있다.

아이에게 2는 문제의 표면에서는 보이지 않는다. 2는 숨어 있는 존재다. 트와일라잇과 익스프레스라는 5글자로 된 단어 각각을 뭉쳐진 하나의 단위로 간주할 때, 처음으로 '5글자 덩어리가 2개 있다'라는 구조가 떠오른 거다.

그것을 떠올리기 위해서는 지적으로 깊은 성숙이 필요하다. 침착하게 생각하면 알 수 있는 부분이더라도 얼떨결에 보이는 숫자로 5×5를 만들어 버리는 실수가 있을 수 있기 때문이다.

＊　＊　＊

이번 기회에 트와일라잇 익스프레스의 글자 수는 어떤 곱셈을 해야 하는지 아이에게 다시 물어봤다. 조금 생각하다가 "오이는 십!"이라며 힘차게 답해 주었다. 전에 잘못된 식을 답했던 것을 기억하고 있는지 물어보았으나 역시 그런 것은 기억하지 못했다. 그래서 "그때⋯⋯, 한 번 5×5라고 했어"라고 말했다. 그러자 아이는 웃는 얼굴로 "아! 그랬지. 거기에 있는 수가 5하고 5잖아!"라며 싱글벙글 미소 짓고 있었다. 나에게는 놀라운 오류이지만 아이에게는 자주 있는 일인지도 모른다.

커피를 사러 가는 일

근처에 '오가커피'라는 커피집이 있다. 역사가 깊은 커피점으로 시대를 느끼게 하는 기구나 쓰이는 물건들이 진기해서 아이도 좋아하는 가게다. 어느 날 커피콩을 사러 가서 100g에 550엔[16]짜리 모카 마타리를 사기로 하고 아이와 이런 대화를 나눴다.

나 : "모카 마타리 200g 주세요."

점원 : "알겠습니다."

아이 : "내가 돈을 내고 싶어요!"

---

[16] 내용에 맞는 계산을 위해 원-엔 환율을 적용하지 않고 화폐 단위를 엔으로 표기했다.

나 : "그래."

아이 : "돈 주세요. 600엔만 있으면 되겠지."

나 : "아, 그런데 200g 시켰는데?"

아이 : "아, 그렇구나. 1000엔도 모자라네요."

나 : "그래, 얼마면 되지?"

아이 : "에, 음…… 1100엔이요!"

나 : "맞아 맞아."

도중에 1000엔으로 부족하다고 말한 것이 재미있었다. 이것은 500엔의 2배와 비교한 것이다. 부등호를 사용해서 식으로 쓰면

$$500 \times 2 \ < \ 550 \times 2$$

이다. 실제로는 550×2를 계산할 때 우선 550을 500과 50으로 나누어 각각을 2배해서 500×2에 초점을 맞췄다.

이 사고방식 자체에 특별히 어려운 점은 없으나 크기 비교와 관

련된 문제에서도 곱셈은 무시할 수 없는 부분이 있다. 부등식의 조작은 등식과는 조금 다른 감각도 필요하고 매우 추상적이며, 중학교나 고등학교 수학에서 중요한 부분이다. 주변에 기초를 쌓는 데 도움이 될 상황이 있다면 앞으로 배울 수학에 대한 이해를 높이는 데에 도움이 될 것이다.

어린이에게 구매는 수 계산과 수량에 대한 감각을 향상시킬 수 있는 좋은 기회라고 한다. 이 모카 마타리 쇼핑은 그런 일례였던 것 같다.

이불 개기

이것도 무심코 대화를 주고받는 일상에서 알게 된 것이다. 아이와 함께 이불을 개고 있을 때, 두 번 접은 이불을 본 아이가 "더 접어요. 6개 정도로"라고 말했다.

6이 무얼까 생각하며 다시 물었더니, "한 번 더 접으면 돼요!"라고 한다. '그렇게 접어서 어쩌려는 거지……'라고 생각했는데 곧 6의 의미를 알 수 있었다. 지금 두 번 접어서 4겹이 되었으니 아이는 이걸 한 번 더 접으면 6겹이 된다고 생각하는 것 같았다.

'한 번 접으면 2겹', '두 번 접으면 4겹' 다음은 몇 겹?

다 접은 후에 다시 한 번 접으면서 "세 번 접으면 6겹이 돼?"라고 물어봤더니 "음… 그렇지 않아요?"라고 답했다. 아이는 역시 정답을 6으로 생각하는 것 같다.

두 번 접은 뒤 다시 한 번 접으면 '4겹이 두 번' 겹친다. 그러니까 4×2로 8겹이 된다. 즉 '세 번 접으면 8겹'이다. 이 일에 해당하는 수

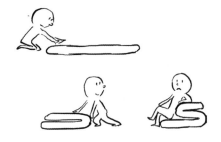

열은 2, 2×2, 2×2×2인 셈인데, 아이는 이것을 2×1, 2×2, 2×3 (혹은 2, 2+2, 2+2+2)라고 생각해 버린 듯하다.

어른이라도 헷갈릴 것 같은 문제다. 확실히 이 구별은 어려운 점이 있다. 두 번 정도는 몰라도 세 번 접었을 때 구체적인 모습은 시각화하기 힘들어지므로 논리에 따라 4×2라고 봐야 한다.

훨씬 더 어렸을 때부터 종이접기를 여러 번 접으면 2, 4, 8, 16이라는 숫자가 나타나는 것을 아이도 경험했고 알고 있기에 아이의 6이란 대답은 약간 뜻밖의 느낌이 들긴 했다. 그런데 날을 잡아 아무렇지도 않게 "종이를 세 번 접으면 몇 겹이 될까?"라고 물어봤더니, 조금 생각해 보고 그대로 "6겹이 될 것 같아요"라고 대답한 것을 보면 한때의 헷갈림이 아닌 듯하다. 깨닫는 것은 아직 한참 뒤의 일일지도 모른다.

*　　*　　*

아이들의 곱셈 이해는 이전까지의 단원들과 비교가 안 될 정도로 느린 발걸음처럼 느껴진다. 또, 곱셈은 여러 가지 국면에서 어느 영역에 속하는지 구분하기 애매한 부분을 안고 있다. 큰 문제라고 생각하면 과장일지 모르지만, 덧셈과 비교하면 곱셈은 소박한 일상의 감각에서 조금 벗어난 '수학적 사고'가 필요할 것 같다는 생각이 든다. 아이가 조금씩 이해해 나가는 모습을 앞으로도 즐겁게 계속 보고 싶다.

PART

9

자신만의
수학 이야기를
엮어 내는 힘

책의 쪽수로 숫자 놀이

밤에 자기 전에 아이에게 책을 읽어 준다. 아이는 좋아하는 책이면 끊지 않고 계속해서 듣고 싶어 하지만 재우는 시간이 늦어지므로 적당히 마무리하지 않으면 안 된다. 적당히 끝내기에 좋은 곳에서 "이제 잘까?"라고 하면 아이는 이야기가 중간에서 끊기니까 몇 쪽까지 읽었는지 기억해 두고 싶다고 한다. 55쪽이었는데 아이는 55를 어떻게 기억하면 되냐고 물어봤다.

같은 수가 겹쳐 있어 특별히 기억하기 힘든 숫자는 아니었지만 55에는 좀 남다른 성질이 있다. 1부터 10까지의 합계가 55이다. 그래서 "1 + 2 + 3 + 4 + ⋯ + 10을 차례로 더해 봐"라고 말했다. 계산하는 도중 두 번 정도 틀렸지만 1부터 10까지 합쳐서 딱 55가 되었다.

아이는 의외로 이 사실이 마음에 든 모양이었다. 이제 55를 기억할 뿐만 아니라 내일은 11을 더한 66쪽까지, 그 다음날은 다시 12를 더한 데까지 읽는 식으로 하자고 아이가 제안했다. 하루에 10쪽 정도는 적당한 분량이었기에, 다음날부터 이 규칙에 따라 읽어 나가기로 했다.

* * *

이런 숫자 놀이에 아이가 응해 줄까 생각했던 나는, 이런 방식이 아이가 수학을 배우기에 좋은 것 같아 다음 기회를 엿보았다. 자기 전에 책을 읽는 건 습관에 가까워서 기회는 곧 왔다. 이번에는 64쪽이다. 8×8＝64를 떠올리고는 "이 64는 구구단에도 나오는데, 몇×몇이었을까?"라고 물어봤다.

그런데 이놈, 이번에는 전혀 응해 주지 않는다. 그런 건 모른다는 듯이 약간 퉁명스러운 말투이다. "팔팔 육십사"라고 답을 말해 줘도 마음이 내키지 않는 표정이고 대화가 이어지지 않았다. 나중에 다른 책이 21쪽일 때 같은 것을 물어봤지만 7×3=21이라는 답은 나오지 않았고 이해하지 못한 모습은 변함없었다.

주어진 답이 될 수 있는 계산식을 찾는 반대 문제는 어려웠을지 모른다. 55가 1부터 10까지의 합이라는 우연한 사실과 달리 수를 곱으로 분해해 보는 문제는 사실 생각해 볼 의미가 있다. 예를 들어 $\frac{21}{35}$을 보면 21도 35도 7의 배수이므로 7로 약분할 수 있다는 감각을 익히기 위해서 필요하다.

어쨌든 이제 막 구구단 학습이 한창이었기에 이런 문제도 재미있어 하지 않을까 생각했는데 내 생각대로는 되지 않았다.

빵과 분수

어떤 것이든 본인에게 의미가 있지 않으면 그것에 대해서 생각하기는 쉽지 않다. 그것을 제대로 느꼈던 일이 있다. 아이가 다섯 살 때 일이다.

아침 식사로 둥근 빵을 잘라먹었다. 일단 반으로 자르고, 그중에 한쪽을 반으로 더 잘라 아이에게 건네줄 때 문득 생각나서 "이것은 몇 분의 1일까?"라고 물어보았다.

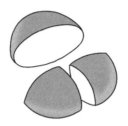

분수를 수학으로 배우는 것은 초등학교 2학년부터이긴 하지만 분량을 나타내는 기준으로 '$\frac{1}{3}$ 정도'라고 하거나 유치원 종이접기에서 종이를 두 번 접으면 $\frac{1}{4}$ 이 나온다는 등의 내용을 접하는데 아이는 다섯 살 정도이니 완전히 모를 것도 아니었다. 그래서 그냥 물었을 뿐 별다른 의도는 없었다. 그런데 아이는 의외로 가만히 생각하더니 잠시 후 "$\frac{1}{3}$…?"이라고 대답했다.

손에는 3조각으로 나누어진 빵이 있었고 그중 한 조각이었기 때문이다. 다섯 살 난 아이에게 $\frac{1}{3}$ 이란 '셋으로 나눈 것 중 하나' 정도의 의미밖에 없다. 그럼 $\frac{1}{3}$이 정답이 아닌 걸까? $\frac{1}{4}$ 이외의 답은 조금도 생각하지 않았던 나는 완전히 허를 찔린 형국이 되어 "아, 응… 그렇지. 3개가 있지"라고 대답할 수밖에 없었다.

*　*　*

그러나 실제 조각의 양이 반의반이니까 사실은 $\frac{1}{4}$이다. 왜 $\frac{1}{4}$일까? 아직 자르지 않은 다른 쪽 절반도 반으로 자르면 된다.

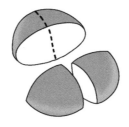

다만 여기서 문제가 되는 것은 왜 굳이 다른 한쪽을 반으로 잘라서 4개가 있다고 말해야만 하는가이다. 그 이유가 확실하지 않으면 자르는 방법에 따라 뭐든 가능하다. 맨 나중에 어떻게 잘라도 되고 반대쪽을 3개로 나누면 전부 5조각이니까 $\frac{1}{5}$이 될 수도 있다. 그럼 질문이 의미 없게 될 것이다.

물론 기분 나는 대로 자른 것이 아니라 균등하게 나누기 위해 자른 것이다. 하지만 등분을 특별하게 여겨야 하는 이유가 아이에게는 그다지 뚜렷하지 않다.

어떤 장치가 있으면 $\frac{1}{3}$이 아니라 $\frac{1}{4}$이라고 생각할 수 있을까? 그런 것을 멍하니 생각하면서 아이와 자른 빵을 먹었다.

훨씬 나중 일이 될 줄 알았는데 뜻밖에도 2개월 후쯤 이와 이어질 만한 이야기가 생겼다. 아침밥 메뉴는 전과 동일하게 모닝빵이었는데 다만 이번에는 아이가 너무 좋아하는 메론빵이었다. 반으로 자르고 그 한쪽을 또 다른 반으로 잘라 건네려 하였다. 메론빵을 자르

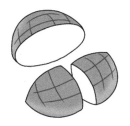

는 방법으로는 좀 자잘하지만, 아이가 많이 먹기를 원하기 때문에 조금씩 여러 번 건네주는 전략이었다.

그런데 아이는 '반의반'을 받는 대신 자르지 않은 큰 반쪽을 가리키며 "이쪽이 좋아"라고 말했다.

바로 이것이 기회라고 생각했다. '셋으로 나눈 것 중에 하나'로는 다 표현할 수 없는 차이가 지금 아이에게 있어서 중대한 관심사이다. $\frac{1}{2}$ 이나 $\frac{1}{4}$ 은 이러한 차이를 양적으로 정확히 표현하기 위한 것이다.

수학을 이용하면 일상의 언어로는 도저히 할 수 없을 정도의 것도 정확하게 표현할 수 있다. 특별하지 않지만 이 특징이 잘 나타날 수 있는 순간이 있었다. 이때 $\frac{1}{4}$ 을 아직 완전히 이해할 수는 없다고 해도 앞으로 제대로 분수를 배울 때 이런 경험이 자양분이 되겠지 싶었다. 각종 둥근 빵이나 정사각형인 식빵을 여러 가지로 자르면 의외로 즐겁게 분수에 대해 생각할 수 있다. 독자들도 괜찮다면 한번 해 보면 좋겠다.

수학자도 마찬가지

왜 어떤 목적으로 그것을 생각하는가 하는 동기가 중요한 것은 수학자도 마찬가지이다. 수학자가 자신의 연구 성과를 발표할 때는 강연 처음에 그 연구의 동기를 설명하는 것이 관례이다. 동기라고 해도 이 이론의 이 부분이 재미있어서 조금 일반화해서 생각해 보고 싶다 정도의 것만으로도 충분하며 반드시 청중의 깊은 공감까지 얻어야 할 필요는 없다. 하지만 어쨌든 그 연구가 어떤 동기에서 이루어졌는지 알 수 없다면 내용도 이해할 수 없다는 생각은 수학자들 사이에서도 공감대가 형성된다. 논리적으로 앞뒤가 맞는 이야기가 끝까지 이어진다고 해서 그것만으로 전부를 이해할 수 있다고는 생각하지 않는다.

수학에서뿐만 아니라 연구, 스포츠, 사업을 하는 사람 혹은 뭔가에 몰입해 있는 사람, 성취해 낸 사람을 인터뷰할 때 "왜 그것을 시도했습니까?"라는 질문은 기본이다.

형제끼리 수학 풀기

정답으로 곱셈식을 찾는 문제를 푼 지 얼마 지나지 않아 밤에 큰 아이와 서로 간단한 암산 문제를 내면서 놀고 있을 때 일이다. 꽤 즐거워 보였던지 세 살이 된 지 얼마 안 된 작은아이가 자기도 하고 싶다고 놀이에 끼었다. "그럼 1 + 1은?"이라고 물어보는 큰아이, 거기에 작은아이는 웃는 얼굴로 기운차게 "일!"이라고 답했다.

1 + 1은 이른바 가장 쉬운 문제인데 작은아이는 최근 겨우 작은 수를 소리 내어 읽기 시작한 지 얼마 안 되었기 때문에 계산 같은 건 해 본 적도 없고 뜻도 모른다. '1'은 질문에서 나온 수를 그냥 따라 말한 것이다. 2라고 대답하기에는 아직 무리이다.

그다음 큰아이가 낸 문제는 1×1이다. 두 번째 활기찬 "일!"은 정답이기에 거리낌 없이 세 명이 함께 기뻐했다. 여기서 큰애는 "음… 답이 1이 되는 문제는?"이라고 말하고, 답이 1이 되는 문제를 차례차례 내기 시작했다.

작은아이는 문제에 나오는 수를 따라서 말하기 때문에 1 + 0에

"영!"이라고 대답해 버렸다. 그러자 큰아이는 작은아이에게 "계속 1 이라고 대답해야 해"라고 힌트(?)를 주고, 그 후 3-2, 1÷1, 2+3-4 등의 문제를 계속 냈다. 그리고 작은아이는 몇 문제나 연속으로 정답을 말할 수 있었고 둘이서 크게 기뻐했다.

아이들끼리 서로 공감하고 마음을 나누는 것은 어른보다 훨씬 빠르다. 1×1까지는 나도 떠올랐는데, 답이 1이 되는 문제를 찾는다는 발상에 대해서는 아이에게 뒤쳐진 느낌이었다.

'답이 1이 되는 문제는?'이라고 바꿔 생각하는 문제가 갑자기 아이에게 의미 있는 문제가 되었다는 사실에 나는 깜짝 놀랐다. 다음날 아침 아이와 함께 밖을 걸으면서 답이 1이 되는 문제를 생각했다. 3+7-10+1, 351-350, 17÷17 등 다양한 문제가 나오니 아이도 즐거워 보였다. 어젯밤 이 문제에 대해 긍정적이면서 익숙한 느낌을을 키웠을 것이다.

* * *

어떤 경위로 사람은 수학이라는 주제에 관심을 가질까? 그 과정을 다른 사람이 디자인하는 것은 어렵다. 재미있어서라거나 도움이 된다는 식의 설득은 이따금 충분하지 않으며 관심 없는 효용에 대한 설명은 들어도 마음이 동하지 않는다. 본인에게 의미가 생기면 효용 등을 말하지 않아도 사람은 기꺼이 그것에 대해 생각하기 시작한다.

동기가 될 만한 이야기는 갑작스럽게 만들어진다. 아이들은 개인적인 활동 속에서 자신만의 이야기를 엮어 내는 힘을 갖고 있다.

마음에 드는 모든 장난감을 생각하는 대로 진열하기, 현관문에 놓여 있는 신발 두 짝이 한 켤레이고, 각각의 한 켤레가 집안 식구와 대응되어 있다는 것 이해하기, 프라레일 기차를 지그시 응시하기,

주워 온 돌에서 다른 것과 유사한 형태 찾기, 발 밑 타일 모양을 패턴에 맞춰 밟기, 용돈으로 쇼핑하고 잔돈 생각하기 등이다.

아이를 잘 보고 있으면 날마다 다양한 이야기가 나온다. 아이 안에서 많은 이야기가 짜여질 수 있도록 어른들이 도와주고, 격려하고, 지켜보는 사회이기를 바란다.

PART
10

오류는 보물

이 책에서는 아이가 수학을 생각하는 모습을 관찰하고 그 안에 있는 사고방식을 추리·분석해 왔다. 그 중심에 '오류'가 있었다. 그래서 여기서는 오류란 무엇이며 거기에는 어떤 의의가 있는지에 대하여 내 나름의 견해를 전하며 이야기를 맺고 싶다. 단적으로 '오류는 보물'이라고 생각한다. 왜 그렇게 생각하는지 근거를 이야기해 보자.

*　　*　　*

이야기하기 전에 수학에서 오류라는 것에도 여러 가지 수준의 것이 있다는 사실에 대해 미리 설명을 하고자 한다. 오류 속에는 단순한 계산 오류, 부주의, 사실에 대한 불완전한 기억, 절차의 부정확성 등이 원인으로 수학 내용으로서는 그다지 깊이가 없는 오류도 있다. 이러한 부분을 지도할 때는 어린이의 의욕이나 관심에 주의하면서 계속 고쳐 주고, 답의 정확도를 높이는 방법을 생각하는 게 좋다. 원인 규명은 물론 중요하다. 연습을 반복하거나, 게임을 도입하거나, 시간 재기를 통해 집중력을 높이는 등의 방법도 효과가 있을 것이다. 정형화된 내용 학습도 수학에서는 중요하다.

이 책에서 다루어 온 오류에는 좀 더 본질적이고 깊은 내용이 있다. 여기에서도 그러한 오류를 문제로 삼는다.

가장 단순한 실수가 본질적인 오류인지는 학습 단계에 따라 다르며 또 지금까지 보아왔던 것처럼, 언뜻 보기에 얕아 보이는 오류가 의외의 깊이를 갖는 경우가 있기 때문에 오류를 얕고 깊음으로 구분하기가 쉽지 않다. 하지만 그렇더라도 그런 깊은 오류를 어떻게 생각해야 할까라는 주제로 이야기하고 싶다.

시행착오와 수학자의 일상

오류라는 말에는 부정적인 뉘앙스가 있다. 정답은 좋고 오답은 나쁘다. 오류는 없는 편이 좋기 때문에 있으면 없애고 가는 것으로 생각하는 경우도 많다. 그런데 오류는 정말 나쁜 것일까?

시행착오라는 말이 있다. 이것은 오류나 실패를 반복하는 과정에서 올바른 해결 방법을 끄집어내는 과제 해결 방법을 가리킨다. 시행착오 속에서는 오류에 역할이 있으며 그 가치를 인정받고 있다.

*　*　*

본인이 어느 정도 의식하고 있는지는 제쳐 두고, 우리 수학자들 모두가 오류를 매우 소중히 여기고 있다는 것을 이야기해 보자. 본 적 없는 문제를 풀려고 한다. 연구 과제를 해결하는 단계로서 자신이 생각한 문제라도 좋고 기존 이론을 새롭게 배워 이해했는지 확인하기 위해서 푸는 연습문제도 좋다.

처음에는 단지 계속 생각만 하고 있지만 그러다가 문득 뭔가 아이디어나 방법이 떠오른다. 수학자니 자못 훌륭한 아이디어일 것이라고 생각하는가? 아무래도 실제로 그렇게는 되지 않는다. 적어도 95%는 오류이다. 아니 95%는 너무 낮을 것 같고 사실은 98% 혹은 100%에 더 가까울지도 모른다.

그럼 이럴 때 어떻게 하는가 하면 그 부분에서 어떤 것이 오류인지, 왜 잘 되지 않는지 검증을 시작한다. 이때 오류는 그 문제를 생각하기 위한 단서의 역할을 하고 오류가 없을 때에 비해 문제를 자기 안으로 끌어당겨 보다 구체적으로 생각할 수 있게 한다.

검증 결과는 다양하다. 보다 나은 접근법에 생각이 미치기도 하고 방법을 수정하는 것으로도 좀 더 새로운 가능성이 보이기도 한다. 물론 아무 수확 없이 출발점으로 되돌아가기도 한다. 이것은 생각하는 문제가 어려울 때 특히 자주 일어나는데 그렇다고 해도 적어도 그 방향에서는 가능성이 없다는 것은 알고 돌아온다.

오류를 반복해서 정답에 이르기까지 걸리는 시간은 문제에 따라서 다양하다. 몇 십 분 정도가 걸릴 때도 있고, 다음날이 될 수도 있다. 일단 유보한 뒤 1개월 혹은 그보다 더 후에 이해가 되어 해결되기도 한다. 기본적으로 시간이 걸리는 복잡한 문제일수록 많은 오류가 해결까지의 이정표 역할을 담당한다. 거기서는 오히려 푸는 중간중간 오류 없이 정답에 이르는 것이 불가능에 가깝다.

오류의 재미

오류에 대해 생각할 때 마음 상태는 어떨까? '실패를 마주하다' 라는 말이 있다. 보다 나은 행동을 해내기 위해 힘들어도 실패를 자각하고 원인을 생각해 다음에 활용한다. 그러한 광경이 떠오른다. 인간으로서의 긍지를 가지고 실패에 대처하는 듯한 도도함의 뉘앙스가 느껴진다.

그 자체는 물론 중요한 일이지만 사실 수학자들이 오류에 대해 생각하려고 할 때의 정신세계는 이런 모습과는 약간 다르다. 수학에 한하지 않아도 지적 탐구에 있어 오류에 대해 생각한다는 것은 마술처럼 뭔가 의외성을 보거나 마음을 끄는 질문이 나와서 무심코 그것에 대해 생각해 내는 것에 가깝다.

오류를 재미있다고 말하면 기이하게 보이거나 신뢰가 가지 않는 느낌이 있을 것이다. 그러나 이 책을 읽고 있는 독자는 오류가 실제 재미있다는 것에 동의해 주리라 생각한다. 오류가 재미있다는 것은 대체 무슨 뜻일까?

오류는 우리 이해에 개선의 여지가 있다는 것을 구체적으로 보여준다. 우리는 이해에 대한 불완전성을 추상적으로 깨닫는 것만으로는 무엇인가를 시작할 수 없다. 오류가 실마리가 되어 실제로 생각해 볼 수 있다. 오류가 전체에 어느 부분에 있는지를 알아내는 것과 오류를 수정하는 것만으로도 이해가 커진다.

찬물을 끼얹고 싶은 건 아니지만 사실 정답에는 이런 힘이 없다. 기본적으로 정답이기 때문에 거기서 무언가를 배울 수는 없다. 그 과제에 대해서는 목표에 도달했으니 당연하다고 하면 당연한 이야기이다.

수학자들이 직업으로 수학 연구를 하느라 고심하는 것은 물론이거니와 학습으로의 수학도 언제나 즐겁기만 한 것은 아니다. 무엇에 대해서든 숙달하기 위해서 정신적인 노력이나 인내심이 필요한 상황이 있을 것이다. 그러나 근본적으로 재미를 인정하지 않는다면 수학을 배우는 것은 단순한 고행 혹은 무미건조한 단순 작업이 된다. 그것은 배우는 방법으로 볼 때도 옳다고는 할 수 없다.

오류와 사고방식

시행착오의 사고방식은 오류에 소중한 가치가 있다는 것을 뚜렷하게 나타내지만 이것만으로 아직 오류의 모든 것을 설명할 수는 없다. 여기서 또 다른 측면에 초점을 맞춰 보자. 이것은 시행착오에 비하면 논할 것이 훨씬 적으나 의의라는 관점에서 시행착오보다 부족하지 않은 본질적인 요소라고 나는 생각하고 있다.

오류 중에는 아이들의 사고방식 자체와 밀접하게 연결되어 있는 게 있다. 약간 단순한 예이지만 Part 6에서 숫자를 익힌 지 얼마 안 된 우리 아이가 37을 '칠삼'이라고 읽었던 사례를 소개했다.

겨우 3이나 7과 같은 숫자의 형태와 읽는 방법을 인식하기 시작한 지 얼마 안 된 아이가 37을 삼십칠이라고 올바르게 읽는 것은 불가능하다. 이 경우 시행착오를 받아들이고 오류에서 출발하여 올바른 읽기에 도달할 수는 없다.

그 밖의 예를 들어 Part 5에서 기술한 것처럼 어느 시기까지의 아이는 용기에 들어있는 액체를 다른 용기에 옮길 때마다 양이 증가

하거나 감소한다고 생각하고 있다. 그 단계의 아이에게는 '들어있는 용기와는 관계없이 정해지는 액체의 양'이라는 개념을 이해시키려고 해도 아이가 오히려 혼란스러울 수밖에 없을 것이다.

과도기적 이해

아이의 이러한 인식은 어른 입장에서는 불완전하거나 잘못되어 있는 것처럼 보일지라도 아이에게는 합리적이고 일관성 있는 인식이라는 점에 주의해야 한다. 사실 이런 인식은 아이의 이해에 결함이 있는 것이 아니며 이때 아이는 보다 정확한 인식에 이르기 위한 과도기 상태에 있는 것이다.

아이의 이해는 하나의 올바른 인식에서 다음의 올바른 인식으로 말하는 것처럼 진행되지 않는다. 인식의 한 부분이 보다 많이 아는 입장에서는 '오류'라고 해도 그것은 특별히 모든 것이 잘못된 것은 아니고 아이는 그 인식 속에서 이해를 단련하고 두텁게 하다가 정확한 인식으로 나아가는 길을 열어 간다. 몇 달 또는 1년이나 그 이상의 기간이 그 과정에 필요하다. 생각해 보자. 우리는 모두 어렸을 때, 다른 용기에 옮길 때마다 액체양이 변한다고 한동안 생각했고 그 후에 액체의 양은 용기와 관계없이 일정하다고 인식하게 되었다.

잘못된 인식은(아이는 앞으로 그 과정을 거쳐 가게 되겠지만) 과도기적 이해로서 다음 단계의 보다 정확한 인식에 도달하는 발판이 된다.

발판이 된다는 점에서는 시행착오에 따른 오류와 변함없다. 본인이 틀렸다는 것을 아는 경우에는 흥미를 갖고 '왜 틀리지?'를 생각하게 하는 것이 좋지만 그렇지 않다면 오류를 무리하게 납득시키는 것이 아니라 그것을 과도기적 이해 상태로 존중하는 것이 중요하다.

잘못된 것을 바로잡는 것이 아니라 아이의 이야기를 듣고 생각하는 소재를 제공하거나 그 인식 속에 충분히 마음과 사고력을 기를 수 있도록 도와줌으로써 앞을 열어가는 것이다.

* * *

공원에서 어린아이가 두 개의 용기에 물을 여러 번 옮겨 담으며 놀고 있을 때가 있다. 첫 번째 용기에서 두 번째 용기에 주의 깊이 옮겨 담은 후 다시 첫 번째 용기에 물을 채운 뒤 다시 두 번째 용기에 옮겨 담는다. 어쩌면 목욕탕에서 본 적도 있을 것이다. 용기와 물을 바라보며 무심하게 교체를 반복하는 아이는 그때 바로 '액체의 양'에 대한 새로운 감각을 파악해 가는지도 모른다.

오류를 지켜보다

지금까지 설명한 오류 수준과 그에 따른 지도 방법을 간단히 정리하여 표로 만들었다(표2). 내 나름의 생각이지만 요점 정리로 봐주셨으면 한다.

돌이켜보면 우리가 자랄 적의 문화는 오류에 대한 대응이 조금 지나치게 엄격했다는 생각이 들 때가 있다. 오류에 과민하게 반응하지 않고 장기적인 시야와 여유를 가지고 대할 수는 없을까?

오류를 가치 없는 것으로 치부하는 것은 쌓고 있는 발판을 허물 겠다는 뜻이다. 또한 오류를 질책하는 것은 누구든지 오류에서 출발 하여 정답을 향한 길을 걷는다는 학습의 근본적 원칙에 어긋나서 본 인이 스스로 배우는 방법 자체를 잃어버릴 위험성을 내포하게 된다. 한편 좋은 뜻에서 가르치고 논하는 것이라 할지라도 본인의 사고를 버리게 하고 실수를 바로잡아 주는 것은 다음의 인식으로 나아가는 발판을 충분한 크기와 강도로 키울 수 없다.

오류를 지켜보는 것. 그것은 생각하는 것의 가치와 오류를 가질 수 있는 가능성을 충분히 인정하고 각 오류에 대한 효과 있는 활용 방법으로 생각을 돌리는 것이다.

표2

오류의 종류와 대응 방법

오류 수준	대처와 지도
부주의나 절차의 단순 실수, 부정확한 기억 등 수학의 내용 측면에서는 특별히 깊이가 없는 것	오류를 바로잡아 간다. 원인을 차근차근 찾는다. 반복 연습을 통해 정답의 정확도를 높인다. 시간을 잰다. 게임을 도입하는 등 집중력을 높일 방법을 찾는다.
개념의 부정확한 이해나 불충분한 사고, 내용 파악이 불충분한 것에서 기인하는 것	오류를 재미있게 여긴다. 본인의 생각을 자세히 끄집어 낸다. 그 안에 있는 부분적으로 맞은 부분을 인정하면서 왜 전체적으로는 오류인지를 분석하고, 사고방식의 어디가 잘못되었는지를 찾아내는 데 도움을 준다.
오류를 깨닫는 것이 본인에게는 쉽지 않은 근본적인 것	오류를 소중히 한다. 오류는 쉽게 정정하지 않는다. 정답인지 아닌지에 연연해하지 말고, 아이의 이야기를 듣거나, 생각할 소재를 제공하기도 하여 지적인 탐구 활동에 힘쓰도록 격려한다.

부록

Part 7에
대하여

Part 7에 대해 두 가지를 보충한다. 하나는 등분제와 포함제라는 나눗셈의 구분이다. 다른 하나는 **표1**에 나와 있는 곱셈 분류 설명에서 사용된 전문 용어에 대한 정밀하고 자세한 설명이다. 특히 ©~Ⓗ에 대한 설명이다. Ⓐ~Ⓗ는 **표1**에 등장하는 내용을 말한다.

등분제와 포함제

나눗셈 중에는 등분제 혹은 포함제라고 불리는 것이 있다. 이것은 곱셈의 승수와 피승수의 구별에 대응하는 개념이다.

정의

구체적인 나눗셈을 생각하면 알기 쉽다. 승수와 피승수의 구별이 명료한 © 2L의 3배는 6L를 예로 들어 보자.

$2 \times 3 = 6$에서 나눗셈 $6 \div 3 = 2$와 $6 \div 2 = 3$이 성립한다. $6 \div 3 = 2$는 6L

를 3등분하면 각 2L인 것으로 등분제이다. $6 \div 2 = 3$은 6L에서 2L가 3개 나온다는 내용의 포함제이다.

일반적으로 $a \div b = c$라면 $a = b \times c$이다. 곱셈을 생각할 때 이 $b \times c$에 승수와 피승수의 구별이 있을 때, 나누는 수 b가 승수이면 $a \div b$를 등분제, b가 피승수이면 $a \div b$를 포함제라 한다.

20개의 귤을 2명으로 나누면 1인당 10개씩이다. 20개의 귤을 한 사람에게 2개씩 나눠 주면 10명에게 나눠 준다. 둘 다 $20 \div 2 = 10$이라는 나눗셈이지만 상황은 상당히 다르다. 전자가 등분제이며 후자는 포함제이다. 영어에서는 등분제, 포함제를 각각 partitive division, quotative division이라고 한다.

등분제와 포함제

등분제와 포함제의 구분은 승수와 피승수의 구분에 따른다. 그러니까 A, B 고찰에서 해석을 바꾸어 승수와 피승수가 바뀌면 등분제와 포함제도 바뀐다. 또, G나 H의 경우와 같이 곱셈 $a = b \times c$의 b

와 c에 승수와 피승수의 구별이 없으면, a÷b=c는 등분제도 포함제도 아니다.

Ⓐ에서 6÷2=3은 등분제와 포함제 중 어느 쪽일까? '6개의 만두를 1상자에 2개씩 넣으면 3상자가 된다'라고 해석하면, 즉 6에서 2가 3개 생긴다고 생각하면 포함제이다. 식으로는 6=2+2+2이다. 그러나 고기만두 · 김치만두에 착안해 '고기만두 · 김치만두가 같은 수로 있는 만두가 6개이면 고기만두는 3개'라고 해석하면 등분제이다. 이쪽은 6=3+3이다.

Ⓔ, Ⓕ와 같은 비례 곱셈에서는 가장 좁은 의미로는 6÷2나 6÷3은 등분제도 포함제도 아니다. 단, 예를 들어 Ⓔ의 시속은 '1시간당 간 거리'라는 등분제의 개념을 토대로 하여 그것을 자립한 양이라고 생각한 것이므로 시속을 구하는 나눗셈 6÷3=2는 등분제와 친하다. 실제 시속의 의미를 풀어서 '6km의 길을 3시간에 가려면 시간당 몇 km를 가야 하느냐'고 해석할 때, 속력으로서 시속 2km를 요구하고 있다기보다는 1시간당 2km를 가는 '거리'를 구하고 있다고 생각한다면, 6÷3은 등분제가 된다. 이런 인식 하에서는 6÷2는 포함제이다.

F에서도 똑같이 생각할 수 있다.

G, H와 같은 복비례가 되면 상식적인 의미에서는 6÷2로 등분제인지 포함제인지 구별이 없다. 그것은 복비례 z = xy이고 x와 y에 승수와 피승수의 구별이 없기 때문이다.

다만, 복비례인 경우도 생각의 퍼즐을 맞추는 것처럼 머리를 쥐어짜는 방법으로 생각해 본다면 등분제 혹은 포함제로 간주하는 해석을 생각하는 것은 가능하다. 예를 들어 '면적 6cm²인 직사각형의 세로 길이가 2cm이면 가로는 몇 cm일까?'라는 문제를 생각해 보자.

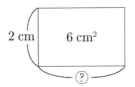

이 직사각형을 수직으로 1cm 폭으로 잘라 띠를 만든다. 세로는 2cm이니 자르면 면적 2cm²의 띠가 각각 생긴다. 전체 면적은 6cm²이므로 띠는 6÷2=3개가 생긴다. 그렇다면 가로 길이는 3cm이다. 이때의 나눗셈 6÷2는 포함제이다. 반대로 수평으로 1cm 폭으로 자르면 세로는 2cm이니까 세로 1cm당 면적은 $6 \div 2 = 3$이 된다. 따라서 가로 길이는 3cm가 된다. 이때의 $6 \div 2$는 등분제이다.

이런 귀찮은 생각을 할 의미는 보통은 없겠지만 복비례 $z = xy$에서 $x = z \div y$를 해석에 따라 등분제나 포함제로 간주하는 것은 폭넓게 가능하다는 뜻이다.

구별하는 의미

$0.6 \div 0.2$ 나눗셈을 생각하자. 소수점을 뺀 $6 \div 2$와 같기에 답은 3이라고 바로 계산되지만 $0.6 \div 0.2 = 3$은 어떤 의미를 가지는 걸까? 다음 2가지 문제를 생각한다.

(a) 0.6L의 물을 0.2L씩 컵에 붓는다. 몇 잔일까?

(b) 0.6L의 물이 전체의 20%일 때 전체는 몇 L일까?

답을 구하는 계산식은 어느 문제든 $0.6 \div 0.2$이다. 하지만 그 답이 3이 되는 설명은 다르다. (a)는 $0.6 = 0.2 + 0.2 + 0.2$이고, 즉 0.6은 0.2가 3개이기에 의미를 알 수 있는데 이것은 (b)에 대한 설명으로서는 전혀 의미가 없다.

0.6이 전체의 20%라면 전체는 그 5배일 것이다. $0.6 \times 5 = 3$이기에 전체는 3L이다. (b)를 생각하면 이런 설명에 도달한다. 이는 어떤 수 c로 나눈 것이 그 역수 $\frac{1}{c}$을 곱한 것과 동일함을 설명한다.

(a) 나눗셈은 포함제 (b) 나눗셈은 등분제이다. 대응하는 곱셈은 습관적인 표기 순서이고 (a)는 0.2×3, (b)는 3×0.2이다. 등분제와 포함제의 구분이 없는 경우도 있고 반전될 수 있는 애매한 경우도 있지만 이처럼 뚜렷이 존재할 때도 있다.

등분제와 포함제의 구별은 이와 같이 뒤얽혀 있다. 그것을 학습자에게 의식시키는 것은 쓸데없는 혼란을 불러 폐해가 크고 일반적으로는 하지 말아야 하지만 지도하는 사람이 이해하는 것은 의미 있는 일이라고 생각한다. 물론 지도 요령이나 교과서에는 (a)와 (b)의 차이에 대해 충분한 배려가 되어있다.

전문 용어에 관하여

여기에서는 전문적인 지식을 가진 분의 검토에 도움이 되기 위해 승수와 피승수에 대해서 전문 용어를 사용한 설명을 덧붙여 둔다.

Ⓒ, Ⓓ는 벡터 공간의 스칼라배

$$R \times V \to V$$

의 예이다. R의 근원은 원래 실수이다. 초등학교에서 나오는 벡터 공간 V는 기본적으로 모두 1차원이며, 기저를 선택하면 V와 R의 동형[17]이 정해지고, V의 원래는 실수로 표시된다. 또 이 밑에서 스칼라배는 실수인 승법 $R \times R \to R$이 된다. 리터 · 미터 · 그램 · 초 등 단위 설정이 V의 기저를 선택하는 것에 해당한다.

x, x' $\in$ V, a$\in$R로서 x'=ax일 때, a가 승수, x가 피승수이다. 계수

---

[17] 정확하게는 정수(0은 제외)로 정해져 있기에 1차원 공간에 점이 지정되게 된다. 기저는 점 중간에서 선택한다.

체 R과 벡터 공간 V의 차이에 의해 이것들이 구별된다. x′=ax일 때에, x′와 a에서 x를 구하는 것이 등분제, x′와 x에서 a를 구하는 것이 포함제이다.

②의 설명에서 승수와 피승수의 성질 차이에 대해 설명했는데, 이것은 스칼라 R에는 가법[덧셈하는 방법, 加法]과 승법[곱셈하는 방법, 乘法]이 있지만, 벡터 공간 V에는 가법만 있고 승법이 없는 것을 설명한 것이다.

Ⓖ, Ⓗ는 쌍선형사상 $f : U \times V \rightarrow W$ 혹은 표준쌍선형사상 $U \times V \rightarrow U \otimes V$의 예이다. U, V의 기저를 선택하여 R와의 동형을 부여하면, 표준쌍선형사상은 역시 실수의 승법 $R \times R \rightarrow R$가 된다. 여기서 예를 들어 한쪽 $U \cong R$만 고정하면 표준쌍선형사상은 $R \times V \rightarrow V$가 되고, 이것은 V스칼라배이다. 이렇게 하면 승수와 피승수의 구별이 생기게 된다.

Ⓔ, Ⓕ는 선형사상 $f \in V \otimes U^*$도 변수로 보면 표준쌍선형사상 $U \times (V \otimes U^*) \rightarrow V$가 된다. 동형 $U \cong R$, $V \cong R$을 정하면 $U^* \cong R$가 정해지고, 표준쌍선형사상 $R \times V \rightarrow V$는 V의 스칼라배로 승수와 피승

225

수의 구별이 생기가 된다. 이것은 비례 $\boxed{E}$를 스칼라배 $\boxed{D}$로 환원한 것에 해당한다.

＊　　＊　　＊

또한 등분제와 포함제에 대해서도 집합론적으로 다음과 같이 일반적인 형태로 서술할 수 있다. 집합 X에 동치관계 R가 있을 때, 상집합 X/R는 포함제에 의한 상(혹은 그 일반화)이다. 한편 집합 간 사상 $f : X \rightarrow Y$가 있을 때, 각 $y \in Y$의 역상(y)은 등분제에 의한 상(혹은 그 일반화)이다.

사상 $f : X \rightarrow Y$가 있을 때, X 위의 동치관계 R가 $f(x) = f(x')$일 때 R로서 정해진다. f에서 표준전단사 $X/R \rightarrow \mathrm{Im}(f)$이 정해지므로, 이것에 의해 $\mathrm{Im}(f)$를 X/R와 동일시하면 $\mathrm{Im}(f)$도 포함제에 의한 상이다.

$\boxed{A}$의 경우 X는 6개의 만두를 이루는 집합이다. $6 \div 2 = 3$이 등분제도 포함제도 될 수 있다는 것은 Y를 3개 상자를 이루는 집합으로 취급할지(이 경우 포함제), Y를 고기만두 · 김치만두 2가지를 이루는

집합으로 취급할지(이 경우 등분제)와 같은 선택의 임의성에 따른

것이다.

아이의 시각에서 본 수학의 세계는 어땠습니까? 의외의 면, 재미있는 측면을 느끼셨으면 합니다.

아이와 수학 이야기를 할 때는 어떻게든 정답에 도달하려고 애쓰기보다 아이의 생각에 맞추어 거기서 어떤 이야기를 할 수 있을까를 생각해 보는 것이 즐겁고 알찬 시간이 될 것 같다고 생각합니다. 여러분도 꼭 그렇게 아이와 혹은 주위 분들과 수학을 즐기셨으면 좋겠습니다.

제가 이런 자세로 아이를 대하게 된 계기에는 시모어 패퍼트가 쓴 『마인드스톰』(이현경 옮김, 인사이트, 2020)과의 만남이 있었습니다. 아이의 인식과 자율적인 학습, 오류의 역할 등에 대한 생각은 이 책에서 크게 영향을 받았습니다. Part 5 세계관의 내용도 이 책에 근

거합니다. 시사하는 바가 큰 책이므로 흥미가 있으신 분은 꼭 읽어

보시면 좋겠습니다.

이 책에서는 아이가 시행착오를 겪으면서 수학의 개념을 습득해

가는 과정을 관찰했습니다. 언어에 대해서도 마찬가지로 습득의 과

정을 고찰한 책으로『작은 언어학자의 모험(원제: ちいさい言語学者の

冒険)』(히로세 유키 저, 이와나미 과학 라이브러리, 국내 미출간)이

있습니다.

저자는 언어학자가 아이를 가지면 다들 이런 생각을 하면서 아이

를 보고 있는 것은 아닐까 라고 생각했는데 저는 수학에 대해서도 많

은 분이 생각하고 논의해 주셨으면 합니다.

제가 아이의 수학에 관심을 기울이는 것은 아이가 장래 수학자가

되면 좋겠다든지 또는 자연과학 분야 연구자나 기술자가 되었으면 좋겠다든지 하는 특별한 바람 때문이 아닙니다. 수학을 몰라서 학교에서 곤란하지 않았으면 하는 부모의 마음도 다소 있지만 기본적으로는 어떤 인생을 살든 수학은 필요하다고 생각하기 때문입니다.

수학은 사람이 자신을 둘러싼 세계의 이치를 세워 인식해 나가는 가장 기본적인 방법을 체계화한 것입니다. 수학을 배운다는 것은 수학이 자신과 어떻게 관계하고 우리의 어떤 것을 다루고, 어떤 것을 다루지 않는지를 아는 것이기도 합니다. 모든 아이들이 수학을 자기 일처럼 배우고 자기편으로 만들어 보다 좋은 인생을 걸어 주기를 바랍니다.

끝으로 이 책을 집필하도록 추천해 주신 이와나미 서점의 하마

카도 마미코 씨에게 감사드립니다. 수학자 도키에다 다다시 씨는 마음을 따뜻하게 해 주는 멋진 삽화를 그려 주셨고, 원고에도 많은 코멘트를 해 주셨습니다. 그리고 교신이라는 이름으로 개인 학원을 운영하는 야나기하라 히로키 씨도 전체 원고를 읽어 주시고 다수의 코멘트도 해 주셨고, 수학자 카지노 나오타카 씨, 사카이 히로시 씨, 사이토오 신고 씨, 야마모토 슈우지 씨도 유익한 조언을 해 주셨습니다. 이분들 덕분에 보다 나은 책이 나오게 되었습니다. 물론 이 책 내용에 대한 책임은 저자인 저 자신에게 있음을 말씀드립니다.

2021년 2월 다니구치 다카시

with 아이 02

너는 왜 그렇게 푸니?

| **초판 1쇄 인쇄** 2021년 12월 10일
| **초판 1쇄 발행** 2021년 12월 20일

| **지은이** 다니구치 다카시
| **옮긴이** 최현주
| **발행인** 김태웅
| **기획편집** 이지은
| **디자인** syoung.k
| **일러스트** 도키에다 다다시
| **마케팅 총괄** 나재승
| **제작** 현대순

| **발행처** (주)동양북스
| **등록** 제 2014-000055호(2014년 2월 7일)
| **주소** 서울시 마포구 동교로22길 12 (04030)
| **구입문의** 전화 (02)337-1737 팩스 (02)334-6624
| **내용문의** 전화 (02)337-1763 이메일 dybooks2@gmail.com
| ISBN 979-11-5768-769-5 03370